AF452913

LES MASSACRES D'ARMENIE

D'après les constatations authentiques du:

Général Russe MAYEWSKI

**Consul Général de Russie à Van,
puis à Erzéroum**

*Soigneusement transcrit de son rapport
portant le titre de:*

Statistique des Provinces de Van et de Bitlis

**Fragments Photographiques
et Traduction**

L'original a été publié
en nombre limité par
l'Imprimerie Militaire
à Pétersbourg

Ce travail, qui forme un document de la plus haute importance historique, est une statistique militaire des Provinces de Van et de Bitlis, dressée par le Général Mayewski et destinée à l'Etat-Major Russe.

Son auteur fut, durant plus de six ans, Consul Général de Russie à Van puis à Erzéroum.

Cet ouvrage traite, en grande partie, de la situation géographique, des ressources naturelles, des voies de communication en un mot, de tout ce qui pourrait être utile à un Etat-Major.

Pour rendre plus complet son ouvrage, l'auteur consacre un chapitre spécial à la statisque de la population de ces deux provinces où il examine incidemment les relations entre les différents éléments qui la composent et notamment les rapports entre Kurdes et Arméniens. Quand il parle des révolutionnaires arméniens, son verdict pour les condamner est des plus affirmatifs.

Comme on se rendra compte de la lecture des pages qui suivent, le Général Mayewski attribue, d'une façon péremptoire, toute la responsabilité des événements regrettables dont les Arméniens de Turquie eurent à souffrir, en premier lieu aux révolutionnaires, affiliés aux comités politiques et en second lieu à l'Angleterre qui les a encouragés.

2 Армяне горожане составляютъ главный торговый классъ населенія въ тѣхъ городахъ, гдѣ нѣтъ ихъ достойныхъ соперниковъ—грековъ. Армяне промышленники и ремесленники сосредоточиваются также исключительно въ городахъ. Какъ тѣ, такъ и другіе образуютъ здѣсь извѣстныя корпораціи, съ цѣлью возможно лучшаго эксплуатированія своего промысла.

Въ характерѣ городскихъ армянъ слѣдуетъ отмѣтить нѣкоторыя черты, появившіяся въ нихъ, кажется, лишь съ весьма недавняго времени. Армянинъ горожанинъ, соприкоснувшійся съ кое какимъ образованіемъ, прошедшій хотя бы начальную приходскую школу, пріобрѣтаетъ въ высшей степени высокое мнѣніе о политическомъ значеніи армянской націи, вообще; у него является замѣчательное тщеславіе, заносчивый тонъ, большое само-

3 мнѣніе и какая то особая увѣренность въ томъ, что если армяне въ настоящее время и не играютъ большой политической роли, то только потому, что находятся подъ игомъ Турціи; но въ будущемъ армянская нація непремѣнно возродится и займетъ подобающее для нея политическое положеніе.

Далѣе, среди городскихъ армянъ, а въ особенности среди молодежи, нельзя не замѣтить большого числа любителей заниматься всякой политикой, вообще, охотно щеголяю-

Parmi les nombreux témoignages qu'il cite, l'auteur se rapporte principalement au Blue Book anglais et au Livre Jaune français.

On ne pourrait taxer de partialité les affirmations du Général puisqu'il a adressé son ouvrage non au grand public, mais il l'a destiné à l'Etat-Major de son pays. Il y a dévoloppé, consciencieusement et avec une franchise rare, sa conviction basée sur des constatations faites sur les lieux et en toute liberté.

3 щихъ своимъ, якобы тонкимъ пониманіемъ всевозможныхъ политическихъ комбинацій,...

4   Изъ кого состояли банды революціонеровъ? Изъ людей, защищающихъ интересы своей родины, свои семейные очаги, свои религіозныя вѣрованія?. Нисколько! Въ большинствѣ случаевъ это былъ сбродъ городской недоучившейся молодежи, сбитой съ толку воспаляющими рѣчами главныхъ агитаторовъ, въ общемъ, людей весьма недалекихъ и непонимающихъ даже той простой вещи, что ихъ дѣятельность способна была не улучшить положенія турецкихъ армянъ, а напротивъ того—только ухудшить...........

Жалобы на угнетенное положеніе армянъ въ Турціи никоимъ образомъ не могутъ быть отнесены на долю армянъ горожанъ, всегда пользовавшихся достаточной степенью свободы, безопасности и благополучія Общественное положеніе ихъ, во всѣхъ отношеніяхъ, было больше чѣмъ удовлетворительное.

Нѣсколько въ иныхъ условіяхъ находятся армяне - сельчане. Какъ уже было сказано 5 раньше, главная ихъ дѣятельность сосредоточивается на земледѣліи. Благодаря давно установившейся въ краѣ, правильной системѣ орошенія полей, занятіе хлѣбопашествомъ приноситъ здѣсь хорошій доходъ и обезпечиваетъ вполнѣ безбѣдное существованіе. Смѣло можно утверждать, что турецкіе армяне-сельчане все-

Les citadins arméniens ont commencé à avoir, depuis peu, certains caractères tout particuliers. Tout arménien, qui a reçu une instruction primaire, possède des connaissances très vastes au sujet de la politique suivie par la nation entière. L'idée de jouir d'une grande renommée, se donner de l'importance, avoir une haute idée de soi-même existe au même degré chez tous les arméniens appartenant à cette catégorie. En outre, ceux-ci ont tous l'idée que si les arméniens ne possèdent pas aujourd'hui une place importante dans le monde politique cela provient uniquement de ce qu'ils se trouvent sous la sujétion de la Turquie, mais que la nation arménienne renaîtra sans doute de nouveau et acquerra l'importance politique qui lui est dévolue.

Les citadins arméniens, et notamment les jeunes gens, s'occupent de toute sorte de questions politiques et ont la manie de faire montre de leur connaissance de toutes les finesses du monde politique.

La plupart du temps, les jeunes citadins arméniens qui n'apprenaient rien de sérieux mais qui s'enflammaient aux belles paroles des révolutionnaires en renom, ne formaient que des ignorants incapables même de discerner que, par leurs agissements, c'était au malheur et non au salut qu'ils conduisaient leurs compatriotes.

Les plaintes comme quoi l'état des arméniens serait intenable en Turquie ne se rappor-

5   гда были обезпечены значительнымъ достаткомъ
продовольственныхъ средствъ, и матеріальное
ихъ благосостояніе было выше благосостоянія,
хотя бы русскихъ крестьянъ въ средней по-
лосѣ Россіи. Но при этомъ нужно установить
тотъ фактъ, что все сельское населеніе Азіатской Турціи, не исключая и мусульманъ, не
было въ достаточной степени ограждено отъ
самоуправства извѣстнаго числа буйныхъ эле-
ментовъ курдскаго населенія, среди котораго
удачное воровство, грабежъ, угонъ скота.....
Это, однако, еще не позволяетъ сказать, чтобы армяне сельчане все время жили подъ
угрозой курдскаго погрома. При наличномъ
существованіи подобныхъ невыносимыхъ для
жизни условій, армянское населеніе Турціи,
неминуемо должно было бы бѣднѣть, выми-
рать и, наконецъ, можетъ быть, даже совершенно исчезнуть.......................................

6   Вслѣдствіе слабаго развитія въ странѣ граж-
данственности, можно было указать на случаи,
когда нѣкоторыя армянскія селенія чувствовали
себя скорѣе въ зависимости отъ вліятельныхъ
курдскихъ беевъ, нежели отъ ближайшихъ турецкихъ чиновниковъ..........................

7   Создавать между курдами и армянами ту
вражду, которая искусственно была вызвана въ
періодъ 1895—1896 годовъ, значило добиваться
такого положенія, при которомъ никакія реформы не могли бы обезпечить мирное сожи-

tent guère aux habitants des villes; car ceux-ci ont joui de tout temps de leur liberté et ont été plus favorisés sous tous les rapports. Quant aux paysans, ceux-ci grâce à une connaissance complète des travaux agricoles et de l'arrosage artificiel, leurs conditions étaient beaucoup meilleures que celles des paysans de la Russie centrale.

Les villages arméniens, au même degré que ceux habités par les kurdes, jouissaient d'une protection peu efficace de la part du gouvernement contre les attaques des kurdes vivant à l'état nomade dans ces régions qui, dévastant les villages par où ils passaient, emportaient bétail et troupeaux.

. . . .

Il ne faut pourtant pas croire que les arméniens sont continuellement exposés aux attaques des kurdes; car si telle a été la vérité, aucun village arménien ne pourrait exister, tandis que de tout temps, ceux-ci ont été plus riches et plus prospères que les villages kurdes.

. . . .

Le gouvernement local n'ayant pas assez d'autorité dans ces contrées, nombre de villages arméniens ont eu quelque peu à souffrir des chefs de tribus kurdes sans jamais être l'objet d'aucun mauvais traitement de la part des agents turcs.

. . . .

7 тельство обѣихъ народностей. Болѣе подроб-
ная рѣчь о семъ впереди.

Скажу нѣсколько словъ объ армянскомъ
духовенствѣ. Религіозная дѣятельность его
весьма незначительна; но, какъ бы взамѣнъ ея,
оно всегда усердно трудилось на почвѣ под-
держанія національныхъ идей. У армянъ, какъ,
и у прочихъ христіанскихъ народностей Во-
8 стока, идеи національности, въ теченіе сотенъ
лѣтъ жили подъ сенью уединенныхъ, но многочисленныхъ монастырей. Здѣсь духовные
пастыри трудились не столько надъ пропо-
вѣдью „слова Божьяго“, сколько надъ поддер-
жаніемъ національной розни христіанъ и мусульманъ. Церковныя школы и школы, вообще, дѣятельно помогали на этомъ поприщѣ
духовенству...
9   христіане
Востока, вообще, лишились познанія въ осно-
вѣ главныхъ христіанскихъ принциповъ и
что мѣсто религіи у нихъ заняло слишкомъ
развитое чувство національности.

21   вы
казывать себя поборниками человѣческихъ
правъ и законности; вообще—дѣятельно суе-
титься для того, чтобы добиться нѣкотораго
престижа своего голоса на Востокѣ...........
И если бы армяне,
подъ гипнозомъ пышныхъ соблазнительныхъ
рѣчей, вышли бы снова на путь революціи,

En 1895 et 96, les comités arméniens ont semé entre arméniens et kurdes une méfiance telle qu'aucune réforme ne pouvait durer dans ces localités.

Quant au clergé arménien, ses efforts au sujet de l'enseignement religieux sont presque nuls. Par contre, les prêtres arméniens ont beaucoup travaillé à cultiver les idées nationales. Depuis des centaines d'années de pareilles idées se développèrent dans l'intérieur des murs des couvents mystérieux où, au lieu de service divin, prit place une animosité religieuse des chrétiens contre les musulmans. Les écoles et les séminaires contribuèrent largement à cette œuvre des chefs religieux.

. . . .

Les chrétiens d'Orient ainsi que leurs églises, laissant de côté les préceptes et les traditions du christianisme, se firent de la propagande nationale leur principale occupation.

. . . .

Le soulèvement arménien qui eut lieu en 1895 et 96 dans la plupart des provinces de la Turquie d'Asie n'a eu pour cause ni l'extrême misère des villageois arméniens, ni l'oppression dont ils seraient victimes, étant donné que les villages, appartenant à ces derniers, étaient certenement plus riches et prospères que ceux de leurs voisins.

21 и снова бы безплодно загубили столько же
жизней и такое количество народнаго достоя-
нія, которое они потеряли въ періодъ 1895—
1896 годовъ, красноречивые ораторы Франціи не почуствовали-бы даже признаковъ угры-
зенія совести

Причины, породившія въ 1895—1896 годахъ хаотическое состояніе многихъ вилаетовъ
Азіатской Турціи, кроются вовсе не въ угнетен-
22 номъ положеніи армянъ, всегда являвшихся
здесь въ числе более зажиточныхъ классовъ населенія. Революціонное движеніе армянъ явля-
лось следствіемъ: 1) известной ихъ политической зрелости, 2) сильнаго пробужденія въ нихъ
идей національности, свободы и сепаратизма, и,
наконецъ, 3) следствіемъ безжалостной эксплоа-
таціи этихъ идей просвещенными государ-
ствами Запада.

Дабы не говорить всего лично отъ себя,
приведу выдержку изъ донесенія французска-
го посланника въ Константинополе, Камбона,
прекрасно обрисовывающаго положеніе армянскаго вопроса въ начале 1894 года и отчасти
даже предсказывающаго последующія событія.*)

*) Livre Jaune. Documents Diplomatiques. Affaires Armeniennes.
1893—1897 pag. 11.

24 "Въ Лондоне армяне нашли лучшій прі-
емъ: Кабинетъ Гладстона собралъ недоволь-
ныхъ, сгруппировалъ ихъ, дисциплинировалъ
и обещалъ свою поддержку. Съ этого време-

. . . .

Le soulèvement arménien provient des trois causes suivantes:

1° Le progrès bien connu de ceux-ci en matière de politique;

2° le développement, dans l'esprit public arménien, des idées de nationalisme, de libération et d'indépendance;

3° l'encouragement de ces idées par les gouvernements occidentaux et leur propagation par l'effort et la suggestion des prêtres arméniens.

Le plus beau document à cet égard est le rapport de Mr. Cambon, Ambassadeur de France à Constantinople, lequel se trouve parmi les documents publiés dans le Livre Jaune des années 1893-1897:

Extrait du rapport de Mr. Cambon:......
«Les arméniens trouvèrent à Londres meilleur acceuil. Le Cabinet Gladstone attira les mécontents les groupa, les disciplina, il leur promit son appui. Dès lors, le comité de propagande s'établit à Londres où il prit ses inspirations.

Il fallait faire pénétrer dans la masse de la population arménienne deux idées très simples: l'idée de la nationalité et l'idée de la liberté.

Les comités se chargèrent de les répandre ..... et ainsi, en quelques années, des sociétés secrètes se sont organisées, qui ont exploité en faveur de la propogande, les vices et les fautes

24 ни комитетъ пропаганды утвердился въ Лондонѣ, и получалъ здѣсь соотвѣтствующія внушенія. Въ массу армянскаго населенія необходимо было внѣдрить двѣ весьма простыя идеи: идею націальности и идею свободы".

„Такимъ образомъ, въ теченіе нѣсколькихъ лѣтъ, тайныя общества распространяются по всей Арменіи: пропагандируются пороки и недостатки турецкой администраціи, а въ армянскомъ народѣ пробуждаются идеи національности и независимости. ··············

28 Камбонъ вполнѣ отчетливо говоритъ, что армянскіе комитеты приняли на себя задачу —внѣдрить въ массу армянскаго населенія идеи національности, свободы и независимости, Какъ

29 должна была относиться турецкая администрація къ подобной дѣятельности армянскихъ агитаторовъ? къ дѣятельности, направленной къ разрушенію государственныхъ основъ Турціи?

Сколько разъ за послѣднее десятилѣтіе, по настоянію Европейскихъ державъ, она освобождала цѣлыя сотни политическихъ агитаторовъ, которые немедленно-же послѣ своего освобожденія снова вступали въ ряды революціонныхъ бандъ ··············

38 изъ прокламаціи, выпущенныхъ армянскимъ комитетомъ Дашнакистовъ въ августѣ 1896 года. Послѣ двѣнадцати параграфовъ. въ которыхъ для Арменіи требуется все, что угодно, до свободы печати включительно, прокла

de l'administration turque et qui ont répandu, à travers toute l'Arménie, l'idée du réveil national et de l'indépendance". (Livre Jaune. Affaires arméniennes 1893-1897 pages 11 et 12) . . . . Mr. Cambon avoue ouvertement que les révolutionnaires arméniens ont pris à leurs charges d'inculquer aux villageois les idées de nationalisme, de libération et d'autonomie.

. . . . Quelle aurait dû être l'attitude du Gouvernement Turc vis-à-vis des agissements des comités arméniens. Pouvait-il approuver de tels agissements qui ne visaient qu'à sa décadence?

Deux autres rapports de Mr. Cambon

Constantinople, le 27 Mars 1894

Dimanche dernier, au moment où Mgr. Achikian, ayant célébré l'office, quittait l'église de Koum-Kapou pour rentrer au Patriarchat, un jeune arménien de 18 ans le visa avec son révolver et tira plusieurs coups sur lui . . . . Le jeune arménien, conduit au poste par les zaptiés et interrogé sur les mobiles de sa tantative criminelle, a répondu que Mgr. Achikian était l'ennemi des arméniens, qu'il ne cessait de les dénoncer aux Autorités et que ceux-ci avaient juré d'en délivrer la communauté . . . . . .

Constantinople, le 3 Juin 1894

Un attentat a été commis ces jours derniers contre un membre de la communauté arménienne de Constantinople, . . . Mahsoud bey était depuis longtemps décrié parmi ses coreligionnaires, comme vendu aux Turcs et ennemi de la nation. Lorsque l'an dernier, le Sultan interdit la célébration de la fête

38 мація заканчивается такъ *) „Мы умремъ! мы это знаемъ!... Но духъ революціи, пронизавшій армянскую націю до мозга ея костей, не перестанетъ угрожать трону Султана до тѣхъ поръ, пока мы не пріобрѣтемъ человѣческихъ правъ и пока въ живыхъ останется хоть одинъ армянинъ!" Затѣмъ подпись: „Центральный Константинопольскій комитетъ федераціи армянскихъ революціонеровъ Дашнакцутюнъ". . . . .

40 Намъ извѣстно немало народныхъ героевъ Балканскаго полуострова. А слышно ли что-нибудь о народныхъ герояхъ армянъ? Гдѣ имена ихъ борцовъ за свободу? Ихъ нѣтъ. Почему? Потому, что борцы эти играли роль скорѣе именно палачей своего народа, а не его освободителей. Армянскія банды вызывали обыкновенно смуты, рѣзню, а затѣмъ скрывались. Находящееся въ ихъ рукахъ оружіе служило имъ для прикрытія своего отступленія, а безоружныя массы армянъ должны были затѣмъ расплачиваться своею кровью и своимъ достояніемъ за подвиги своихъ вооруженныхъ собратьевъ.

45 въ Лондонѣ на счетъ будущности армянскаго вопроса имѣлись, по всей вѣроятности, однѣ лишь общія соображенія; въ зависимости отъ всего хода армянскаго движенія, общаго его успѣха, предпола-

. . . . Pendant dix ans, un grand nombre de révolutionnaires ont été laissés libres par suite de l'intervention de l'Europe. Et aussitôt libres, ils se sont ralliés, sans perte de temps aux bandes de brigands.

. . . . Le programme en douze articles, inséré dans la proclamation que les Dachnakistes avaient publié au mois d'Août de l'année 1896, contenait toute sorte de revendications jusqu'à la liberté de la presse et se terminait par ces phrases: "Nous mourrons, cela nous le savons bien, mais le sentiment de la révolte qui s'est pénétré jusqu'aux moelles des arméniens montre bien que tant qu'il restera un arménien,

annuelle instituée en mémoire de la constitution accordée par le Sultan Abdul-Médjid aux arméniens, Mahsoud bey refusa de faire des démarches pour que cette interdiction fût levée. Depuis lors, il s'était attiré de vifs ressentiments de la part des éléments remuants de la communauté arménienne.

Les deux individus qui ont tenté de tuer sont des hamals ou portefaix arméniens . . . .

. . . . Il est hors de doute que nous sommes en présence d'un crime politique.

Les assassins ont été trouvés porteurs de papiers et de lettres émanant des comités arméniens et ils ont avoué qu'ils avaient été stipendiés par le nommé Léon.

En les armant, les comités ont donc voulu, après la tentative criminelle contre le patriarche, donner un nouvel avertissement aux classes supérieures de la nation arménienne qu'ils accusent de trahir la cause nationale auprès des Turcs.

. . . .

Livre Jaune. Affaires arméniennes 1893-1897

-45 галось оказать и соотвѣтствующую ему поддержку. Раньше всего необходимо было имѣть
на лицо смуты, смуты серьезныя, продолжитель-
ныя, кровавыя. Какова же была ихъ подготовка?

Я уже сказалъ, что къ началу 1890 годовъ,
почти во всѣхъ крупныхъ населенныхъ пунктахъ Азіатской Турціи, гдѣ болѣе или менѣе сосредоточивается армянское населеніе,
появились члены революціонныхъ обществъ—
Хинчака, Дашнака и Арменіи, принявшіеся
усердно пропагандировать свои идеи и подго-
товлять населеніе къ предстоящимъ кровавымъ
событіямъ. . . . .

46)   , армянскія школы, начиная отъ высшихъ и кон-
чая самыми элементарными, стали полемъ
кипучей дѣятельности, наэлектризованныхъ
въ столицахъ Европы, армянскихъ агитаторовъ. Патріотическія оды и пѣсни, ѣдкія са-
тиры и басни, изъ среды учительскаго персо-
нала западали въ пылкія души подростковъ,
зажигая въ нихъ чувства злобы къ ненавист-
ному господству мусульманъ и—цѣлую серію
фантастическихъ иллюзій ни кому невѣдомой
будущности. Такимъ образомъ, въ теченіе самаго короткаго времени (трехъ—четырехъ
лѣтъ) народилась буйная, строптивая молодежь, готовая на кровавые подвиги въ защиту созданныхъ ею иллюзій. . . . .

54 Въ концѣ сентября 1890 года, на грани

nous ne cesserons de menacer le trône du Sultanat, jusqu'à l'obtention de nos droits individuels„

. . . .

Il s'est vu dans les Balcans des gens rennommés actifs et pleins de sacrifices et de courage. Parmi les arméniens est-ce qu'il y en a un seul de pareil? Non. Pourquoi? Parce que ceux-ci étaient des sans patrie ayant pour métier de vivre à la charge de pauvres paysans et jouant le rôle de bourreau. Peut-on les appeler sauveurs. Les armes qu'ils avaient entre leurs mains n'étaient employées que contre les faibles.

. . . .

Les paysans arméniens non armés se sont trouvés dans l'obligation de porter aide, au prix de leur sang, aux révolutionnaires armés.

. . . .

Les arméniens se sont réunis à Londres dans un local connu, pour délibérer à ce sujet. Il a été avant tout jugé nécessaire de fomenter des troubles, verser du sang et s'attirer l'attention du monde.

Le comité révolutionnaire était divisé en trois sociétés: Dachnak, Hintchak et Arménie.

Tous ceux-ci se dispersèrent pour exciter le paysan. On s'est mis à l'œuvre en commençant par les maîtres d'école, et par leur entremise, on a inculqué aux jeunes gens le sentiment d'animosité et de haine contre les musulmans. Et, dans

54 цѣ Турціи, близъ Кагызмана, ускользая отъ надзора бдительной Кавказской полиціи и пограничныхъ войскъ, сосредоточивается шайка армянъ, человѣкъ 80—90, подъ командой студента Петербургскаго университета Саркиса Кукуньяна. Часть этой банды была навербована среди учащейся молодежи Петербурга остальные добровольцы собраны въ предѣлахъ Кавказа. По всей вѣроятности, ни предводитель ея и никто изъ его сподвижниковъ не имѣли никакого представленія о томъ, что такое Турція, какъ охраняется ея государственная граница, что такое курды, какова вообще топографія мѣстности пограничнаго района и тѣ условія, въ которыхъ придется очутиться немедленно послѣ перехода пограничной черты? Подобныя свѣдѣнія считались повидимому не особенно важными Всѣ были заняты и одушевлены исключительно лишь одною мыслью — совершить на территоріи Турціи по возможности больше кровавыхъ подвиговъ .....

56 Но разсѣятся также незамѣтно, какъ и собраться, шайкѣ не удалось и 43 человѣка съ ихъ предводителемъ Кукуньяномъ, послѣ довольно продолжительной перестрѣлки, и небольшихъ потерь съ нашей стороны *), были захвачены и препровождены въ Карсскую тюрьму. • • • • • • • • • • • • • • • • • •

*) Въ это время я былъ старшимъ адъютантомъ 39-ой пѣхотной дивизіи: • • • • • • • • • • • • • • • • •

Начи-

une durée très courte comme celle de 3 à 4 ans,
nombre de jeunes hommes sans jugement se pré-
parèrent à mourir.

Les programmes de ces comités ne s'accor-
dèrent qu'aux seuls points de se révolter et verser du sang. . . . .

Vers la fin du mois de septembre de l'année 1890, ... une bande de 80 à 90 individus s'organisa sous le commandement de
Serkis Gogonian, étudiant à l'Université de Pétersbourg. Cette bande, trompant la vigilance de
la police et des garde-frontières russes près de
Kaghizmann, s'introduisit en territoire turc. La
moitié de cette bande se composait de jeunes
étudiants arméniens de Pétersbourg et l'autre
moitié, de volontaires habitant les localités sud
du Caucase. Aucun de ces individus ne savait ce
qu'était la Turquie; comment se gardait une
frontière; qu'est-ce qu'un kurde; quelle est la to-
pographie de ces contrées? Ils n'avaient aucune
notion de tout cela. Mais qu'importait; leur but
essentiel était de passer en Turquie et d'y verser
quantité de sang.

. . . .

Gogonian à leur tête, 43 brigands ont eu
une rencontre avec des détachements russes (*).

(*) La personne chargée à cette époque de faire des étu-
des dans ces contrées était aide de camp dans la 39me division
d'infanterie.

57 ная съ 1892 года они избираютъ для себя хотя и вружную, но, тѣмъ не менѣе, болѣе надежную дорогу черезъ Персію . . . .

, съ теченіемъ времени, образовали нѣчто въ родѣ этаповъ. Отдѣльныя партіи армянскихъ революціонеровъ собирались обыкновенно въ какомъ нибудь селеніи, ближайшемъ къ турецкой границѣ, и затѣмъ, ночью, при помощи проводниковъ, достигали ближайишхъ армянскихъ селеній, лежащихъ уже въ предѣлахъ Турціи. Здѣсь они находили временный пріютъ и затѣмъ, по ночамъ слѣдовали далѣе, попадая уже въ

58 полосу чисто армянскихъ селеній.

Печальна была участь этихъ селеній, какъ и вообще всего того, что затѣвали армянскіе революціонеры. Первое изъ нихъ фигурировало въ нѣсколькихъ донесеніяхъ англійскаго вице-консула въ Ванѣ *) и, надо полагать, играло извѣстную, довольно продолжительную роль на пути армянскихъ агитаторовъ изъ Персіи въ Турцію.

(* Blue Book. Turkey. 1894 № 226. 1895 № 291, 301, 452, 470.

59 ква В видахъ же пресѣченія дальнѣйшаго пути армянскимъ пришельцамъ, человѣкъ около 30 курдовъ, якобы слѣдуя по пути въ сосѣдній аширетъ курдовъ „Мукурли“, появились въ самомъ селеніи Богазкесянъ и остановились здѣсь подъ предлогомъ кратковременнаго отды-

Après leur avoir causé quelques pertes, ils furent arrêtés et conduits à la prison de Kars.

. . . .

En 1892. . . . . . . Choisissant la route de la Perse, ils (les comités) commencèrent à faire de la contrebande. . . ˙ . . Avec le temps, il fut établi des postes d'arrêt pour la surveillance des routes.

Généralement ils se réunissaient dans un village quelconque près de la frontière et de nuit, ils la franchissaient pour se rendre au village arménien le plus proche. Ils parvenaient de la sorte à se cacher pour une petite durée dans ces localités et se rendaient ensuite par petits groupes aux autres villages arméniens.

La situation de ceux-ci était pitoyable au dernier point. Par leur va et vient les révolutionnaires arméniens mettaient ces villages à l'état de ruine. Dans ces endroits ils avaient des rencontres secrètes avec le Consul Anglais. Lors de ces incursions celui-ci rendit d'importants services aux révolutionnaires.

. . . .

Au commencement du mois de septembre de l'année 1895, une bande de révolutionnaires, alors qu'elle franchissait la frontière persane, fut cernée au village de Bagaz-Kessin par les kurdes Tokourli. Ceux-ci en informèrent le détachement turc de Sérai. Une quarantaine de kurdes vinrent à Bogaz-Kessin. Pour ne pas donner l'éveil aux

59 ха и небольшой кормежки своихъ лошадей. Въ ожиданіи помощи и прибытія войскъ, они заказали для себя завтракъ и, когда онъ былъ готовъ, усѣлись на открытомъ воздухѣ за поданной трапезой, въ двухъ трехъ кружкахъ, по близости отъ наскоро устроенной коновязи Армянскіе революціонеры, догадавшись что для нихъ готовится хитрая ловушка, рѣшились на отчаянную попытку. О всемъ происшедшемъ здѣсь затѣмъ я слышалъ отъ лица, заслуживающаго полнаго довѣрія, слѣдующій разсказъ. Зарядивъ свои винтовки, армянскіе герои незамѣтно вышли изъ пріютившей ихъ сакли и подкравшись среди извилистыхъ улицъ селенія шаговъ на 40—50 къ сидящимъ группамъ курдовъ, внезапно огорошили ихъ залпомъ, перешедшимъ затѣмъ въ трескотню одиночныхъ выстрѣловъ. Въ какихъ нибудь 5—10 секундъ нѣсколько человѣкъ курдовъ было положено на мѣстѣ; остальные опрометью бросились къ своимъ лошадямъ и искали спасенія въ поспѣшномъ бѣгствѣ Армянскіе революціонеры, не теряя

60 ни одной минуты, захватили лошадей убитыхъ курдовъ и, четверть часа спустя, были уже въ 3—4 верстахъ отъ селенія, по пути къ ближайшимъ горамъ, гдѣ могли найти вполнѣ надежное укрытіе. Ихъ, однако, никто не преслѣдовалъ. . . . .

révolutionnaires au sujet de leur projet, ceux-ci s'invitèrent, comme si rien n'allait se passer, et se réunirent par petits groupes pour manger de l'agneau.

Les révolutionnaires arméniens, déjà au courant de ce subterfuge, s'approchèrent sans se faire voir, de ces groupes et, par un feu général, décimèrent les kurdes. Ceux qui ne fureut pas atteints, se servant des montures des tués, parvinrent à gagner la montagne en attendant l'arrivée du dit détachement.

Les kurdes revenus de leur surprise ne tardèrent pas, dans la suite, à prendre leur revanche en s'attaquant aux villages de Bogaz-Kessin et d'Azarian.

Il est à remarquer qu'on ne dit mot dans le Blue Book anglais, au sujet de cet incident. Cela veut dire qu'aucune mention n'y est faite des cas où les consuls anglais paraissent avoir participé; tandisque tous les autres incidents de ce genre sont rapportés avec force détails.

. . . .

Les événements de Sassoun

. . . . . . Ici, les arméniens et les kurdes avaient mené ensemble et durant des siècles une vie très amicale. . . . . En 1893, un certain Damadian y apparait. . . . . Un an après, un Boyadjian le

*) Достойно вниманія, что въ «синей книгѣ» о нихъ нѣтъ никакихъ донесеній аглійскаго вице консула въ Ванѣ О. М. Нюмана, усердно сообщавшаго о всякихъ ничтожныхъ мелочахъ. Могъ ли онъ пропустить дѣло Богазкесяна и Азаряна? Несомнѣнно—нѣтъ. Въ виду этого, позволяю себѣ заключить, что его интересное донесеніе въ печати было выпущено, какъ документъ, могущій обличить самое близкое общеніе армянскихъ революціонероровъ съ представителями англійской политики. Другого объясненія столь непонятнаго пропуска—подыскать нельзя.

62 Армяне этой области всегда открыто носили оружіе наравнѣ съ курдами, отчасти находились, можетъ быть, въ нѣкоторой зависимости отъ этихъ послѣднихъ, но въ общемъ жили вполнѣ дружно, „какъ братья земли и воды“ . . . . Въ 1893 году здѣсь появляется нѣкій Дамадьянъ; въ 1894 году его мѣсто занимаетъ Бояджанъ, принявшій за симъ имя Мурада. И послѣ двухъ лѣтъ пропаганды такихъ дѣятелей между курдами и армянами, въ предѣлахъ Сасуна, возникаетъ цѣлый рядъ отдѣльныхъ столкновеній; а въ августѣ 1894 года враждебныя отношенія обѣихъ сторонъ переходятъ въ цѣлую се-

63 рію настоящихъ сраженій; . . . .

67 11-го іюля, дабы удовлетворить требованію державъ и сдѣлать рѣшительный шагъ на пути примиренія съ революціонными кружками армянъ, объявляется всеобщая амнистія арестованнымъ за политическія преступленія.

На другой день по всей Имперіи открываются двери многочисленныхъ тюремъ и на свѣтъ Божій выпускаютъ цѣлыя сотни ярыхъ политическихъ агитаторовъ *).

remplace....... A la suite des menées de ces individus, plusieurs rixes eurent lieu, en peu de temps, entre ces deux éléments.

(Au paragraphe): « **l'aspect extérieur de la question arménienne et l'intervention européenne** » (on remarque les lignes suivantes:)

Le 15 juin..... de l'année 1895, pour laisser entendre qu'on s'était complètement réconciliés avec les, révolutionnaires, une amnistie générale fut proclamée en faveur des détenus politiques impliqués dans ces questions. Le lendemain, les portes de toutes les prisons de l'Empire furent ouvertes et de centaines de révolutionnaires relâchés dans le pays.

. . . .

(Après avoir relaté les événements qui sont survenus à Constantinople le 18 Septembre 1895, l'ouvrage mentionne textuellement ce qui suit:)

Quelles que soient les accusations de barbarie portées contre les turcs, il y a à relever le fait que les arméniens ont été partout l'unique cause des incidents. C'est ainsi que les blessures portées en pleine rue à Trébizonde sur les personnes de Bahri pacha et de Hamdi pacha sont les seules causes des massacres qui y eurent lieu.

. . . .

68   *) Въ концѣ іюля мнѣ случайно пришлось попасть въ Варракскій монастырь, близъ Вана, гдѣ какъ разъ именно въ это время собрались праздновать свое освобожденіе нѣсколько десятковъ такихъ заключенныхъ. Въ теченіе 3—4 часовъ я наблюдалъ, какъ подъ тѣнью развѣсистаго дуба обильной струей лилось розовое Ванское вино и около сотни армянъ, слушая поочередно своихъ ораторовъ, горячо аплодировали имъ, пѣли патріотическія пѣсни и, въ благодарность за милость, дарованную Султаномъ, видимо, готовились черезъ мѣсяцъ-другой снова вступить въ ряды революціонныхъ шаекъ. Я не понималъ ихъ языка, но ежеминутные взрывы аплодисментовъ и крики ура свидѣтельствовали о томъ, что бойкіе ораторы касались самыхъ горячихъ сторонъ армянскаго вопроса. Два мѣсяца спустя, большая половина ихъ снова разыскивалась Ванской полиціей.

74   Какъ бы не обвиняли турокъ во всякихъ тамъ звѣрствахъ, но скажу одно: все что мнѣ извѣстно лично по поводу столкновеній армянъ и мусульманъ въ различныхъ городахъ Турціи, приводитъ меня къ тому убѣжденію, что кровавыя дѣла вездѣ начинались по иниціативѣ именно самихъ же армянъ Такъ началась Трапезондская рѣзня, послѣ того какъ на улицахъ этого города были ранены два турецкихъ генерала-Багри-паша и Хамди-паша *) . . . .

78   Если въ настоящее время объ армянскихъ дѣлахъ почти ничего не слышно и армяне живутъ болѣе или менѣе, благополучно, то реформы здѣсь ни причемъ Тамъ гдѣ армянскіе заправилы прекратили свою анархическую дѣятельность—спокойствіе водворилось. Если завтра они снова возьмутся за старое—бѣдствія армянъ возобновятся.

87   12 октября, подъ предводительствомъ молодыхъ людей, пришедшихъ изъ Европы, они подняли красный флагъ въ долинѣ Казанлыка . . . .

Toutefois, là où les révolutionnaires se sont tenus à l'écart, les arméniens ont joui du repos. Que ces comités reprennent aujourd'hui leur activité, les arméniens retomberont à nouveau dans leur ancienne misère.

. . . .

Les événements de Zeitoun

. . . . Les jeunes arméniens arrivés de l'Europe firent des démonstrations dans la vallée de Kazanlik en se servant de flammes écarlates.

. . . .

(Sous le titre): **Revirement de la politique anglaise dans la question arménienne.** (on relève ces lignes :)

A la fin du mois de novembre de l'année 1895, la politique anglaise prit une orientation tout à fait opposée à la question arménienne....... Cette question fut complètement laissée de côté. ...... Le remplacement de la plupart des consuls en Turquie d'Asie devint indispensable. Car au début, ceux-ci s'étaient montrés partisans et promoteurs au point de laisser présumer qu'ils avaient pris part à la question arménienne.

Bien que l'on ne puisse prétendre que les consuls anglais aient personnellement participé à

88 **Поворотъ англійской политики въ армянскомъ вопросѣ**

Уже въ концѣ ноября 1895 года въ Лондонѣ хорошо поняли, что армянскія дѣла не могутъ вывести Россію на поприще новой войны съ Турціей, и въ англійской политикѣ по армянскому вопросу совершается крутой поворотъ

Такъ какъ продолженіе смутъ на Востокѣ можно было найти въ подготовленномъ уже Критскомъ возстаніи, а затѣмъ —въ имѣющейся уже въ перспективѣ греко-турецкой войнѣ, то армянъ рѣшено было бросить или, по крайней мѣрѣ, въ видихъ прекращенія напраснаго кровопролитія, хоть нѣсколько успокоить. Это потребовало перетасовки и смѣны въ Азіатской Турціи большей части консуловъ Имъ, конечно, неудобно было оставаться на старыхъ мѣстахъ, потому что ихъ дѣятельность, причастная нѣкоторымъ образомъ ко всему тому, что совершалось здѣсь до конца 1895 года, должна была быть совершенно из-

89 мѣнена Я вовсе не желаю сказать, что англійскіе консула являлись яко бы руководителями армянскаго движенія Но во всякомъ случаѣ этимъ представителямъ Англіи всегда были лично и хорошо извѣстны всѣ армянскіе агитаторы. Англійскія консульства являлись пунктами, въ которыхъ армянскіе революціонеры, какъ въ хорошей справочной конторѣ, могли черпать свѣдѣнія о ходѣ ихъ дѣла въ

la révolte arménienne, tous ces fonctionnaires se trouvaient en relation intime avec les chefs des révoltés et c'était par leur entremise que les chefs de comité se trouvaient en parfaite communication entre eux dans leur activité dans les différentes parties de la Turquie.

. . . .

Voilà que vers la fin de l'année 1896, tout changea subitement. Les nouveaux consuls arrivèrent. Le vice-consul anglais Major Williams vint en janvier à Van remplacer Mr. Alvart, l'ami des arméniens. Il fit connaître sa manière de penser et sa ligne de conduite en déclarant ouvertement qu'il est venu "pour apaiser l'esprit des arméniens".

. . . .

Bien que cet état de choses donnât matière à réflexion aux révolutionnaires, il n'eut pas une grande influence au point de vue du résultat.

Les jeunes arméniens à Van saturés par l'esprit révolutionnaire prouvèrent qu'ils pouvaient bien se mettre en action sans l'assistance de leurs amis d'outre mer.

L'honorable major Williams dont on pouvait lire dans les yeux son caractère entreprenant et son activité infatigable, travailla durant plus de six mois à la réatisation de son idée ci-haut exposée. Bien qu'il ait déployé toute son ardeur

89 другихъ частяхъ Турціи . . . .

И вотъ къ концу 1895 года все сразу измѣняется. Являются новые консула. Прибывшій 26 января въ Ванъ новый англійскій вице-консулъ маіоръ Вильямсъ смѣняетъ любимца армянъ мистера Альварта и прямо съ мѣста открыто заявляетъ, что онъ прибылъ съ цѣлью — pour abaisser l'esprit des armeniens. Такого рода заявленіе не мало озадачило воспаленныхъ агитаторовъ, но не послужило однако ни къ чему. И Ванская молодежь, выведенная на путь революціи, продолжала таковой безъ поддержки своихъ заморскихъ друзей, такъ сказать, по инерціи.

Я видѣлъ болѣе чѣмъ полугодовую работу почтеннаго маіора Вильямса, человѣка замѣчательной энергіи, сквозившей во всей его
90 натурѣ, а въ особенности въ его выразительныхъ, почти говорящихъ глазахъ, обнаруживавшихъ присутствіе въ немъ непоколибимой воли. Я видѣлъ его старанія понизить духъ Ванскихъ вожаковъ, но ему не удалось измѣнить ихъ общаго настроенія, а только лишь — отсрочить на нѣсколько мѣсяцевъ тѣ событія, которыя разразились надъ Ваномъ въ началѣ іюня 1896 года.

Какъ сейчасъ помню конецъ зимы и начало весны 1896 года. Помню этотъ періодъ постоянныхъ диспутовъ и совѣщаній, то въ домѣ американскихъ миссіонеровъ, то въ домѣ

extraordinaire pour détourner les révolutionnaires arméniens de leur dessein, il ne parvint qu'à ajourner de six mois les événements de Van.

Au mois de juin de l'année 1896, le fameux soulèvement de Van éclata. L'hiver une fois passée et le printemps arrivé, il fut constaté que les révolutionnaires arméniens se réunissaient, tantôt chez le missionnaire américain, tantôt chez le consul anglais, pour délibérer au sujet de la question.

Ne voulant pas paraître intéressé à un haut degré à la révolte et à l'insurrection arméniennes, dont la caractère même n'offrait aucune utilité, on s'abstint de prendre part à ces réunions.

En 1895, les révolutionnaires de Van ..... travaillèrent pour attirer à nouveau l'attention de l'Europe sur la question arménienne. ...... des lettres fureut adressées aux riches arméniens pour leur demander de l'argent en les menaçant de leur vie. Durant ce temps, quelques crimes politiques furent commis par ordre du comité révolutionnaire de Van. Le plus important de ces crimes fut perpétré le 6 Janvier, c'est à dire le jour de la plus grande fête arménienne, sur la personne du prêtre Bogos, alors qu'il se rendait à l'église pour célébrer le service divin. Le pauvre vieillard fut condamné à mort par ce qu'il s'était virilement opposé anx agissements ignominieux de certains révolutionnaires.

90 англійскаго консула. Я на нихъ не присутствовалъ, сторонясь всякаго общенія съ армянскими дѣятелями, ведущими самую глупѣйшую игру въ революцію.

Начало 1896 года и періодъ, предшествующій іюньскимъ событіямъ 1896 года въ Ванскомъ вилаетѣ.

И такъ, лишенные уже въ концѣ 1895 года поддержки изъ Лондона, Ванскіе агитаторы не унимались, дѣятельно готовясь къ событіямъ, которыя должны были еще разъ привлечь на армянъ вниманіе всей Европы

Люди болѣе состоя-

91 тельные получали письменныя требованія на извѣстную сумму, подъ угрозой смерти за ея невнесеніе. Въ теченіе этого же времени было совершено нѣсколько политическимъ убійствъ. Болѣе важное изъ нихъ имѣло мѣсто 6-го января, т. е. въ день самаго большого армянскаго праздника. По приговору Ванскихъ революціонеровъ, на разсвѣтѣ этого дня былъ смертельно раненъ епископъ Богазъ въ то время, когда онъ слѣдовалъ рано утромъ въ церковь на богослуженіе. Почтенному старцу пришлось пострадать лишь за то, что онъ имѣлъ мужество открыто порицать ужъ слишкомъ рѣзкія дѣйствія нѣкоторыхъ революціонныхъ кружковъ. . . . .

. . . .

Durant l'hiver de l'année 1895-96. les jeunes arméniens se réunirent dans les grandes chambres des maisons situées à proximité du consulat russe (à Van) où ils se livrèrent à des exercices de patrouille et même de détachement; et parfois entraînés par leur élan, ils faisaient ·des essais de tir.

. . . .

L'activité des missions américaines à Van commença à prendre de l'extension. Car les sommes quêtées secrètement et celles obtenues de Londres par l'entremise du consulat d'Angleterre y arrivaient et c'est de là que la distribution en était faite à leurs destinataires sous le couvert de soit-disant société pour la protection des pauvres. Dès la fin de l'année 1895, une foule d'arméniens afflua à Van sous le même prétexte.

Toutefois, au moment où les anglais tâchaient à peine de prendre le parti des arméniens par des subsides pécuniaires, ceux-ci déclaraient ouvertement que les anglais achetaient le sang arménien à meilleur marché que la paille de Van.

Bien qu'il y eut, parmi les arméniens qui se rendaient à Van pour obtenir des secours, des gens manquant vraiment du pain quotidien; au bout de quelque temps, l'attention du gouver-

91   Такъ

напримѣръ, въ теченіе всей зимы 1895—1896
годовъ я часто слышалъ среди мертвой тишины
Ванской ночи отдѣльные ружейные выстрѣлы

92   въ той части армянскихъ кварталовъ, которые прилегали къ заднему фасаду консульска-
го   дома. •

94   Уже съ конца декабря 1895 года въ Ванѣ начала сосредоточиваться масса пришлыхъ
армянъ, подъ предлогомъ полученія помощи
отъ американскихъ миссіонеровъ Благотвори-
тельная дѣятельность этихъ послѣднихъ дѣйствительно расширилась потому, что въ ихъ ру-
ки стали попадать всѣ капиталы, получаемые
изъ Лондона англійскимъ консуломъ и предна
значаемые къ тому, чтобы хоть сколько нибудь
утѣшить разоренныхъ сельчанъ и вмѣстѣ съ
тѣмъ доказать армянамъ, вообще, что англичане всетаки имъ симпатизируютъ. Мизерна
была эта помощь и вызывала у нѣкоторыхъ
презрительныя замѣчанія, что „англичане опла-
чиваютъ фунтъ армянской крови дешевле,
чѣмъ фунтъ Ванскаго саману“

        Среди прибывшихъ армянъ, несомнѣнно,
находилось много такихъ, которые дѣйствительно нуждались въ дневномъ пропитаніи.
Но вполнѣ достовѣрно также и то обстоятель-
ство, что среди искавшихъ падаянія можно
было обнаружить людей, наряжавшихся въ
лохмотья лишь, для прикрытія своей личности.

nement fut attirée sur certains de ces derniers qui, sous de vêtements usés, cachaient leur identité; ce qui fit naître l'idée que cette réunion des arméniens comportait certainement la préparation d'une action décisive. Au mois de février et de mars, comme la réunion des arméniens commençait à prendre de l'extension, le danger aussi augmentait. Le printemps arrivé, on fit le nécessaire pour réintégrer dans leurs villages les arméniens venus du dehors. En outre, on fit comprendre aux missions américaines qui voulaient paraître comme des sociétés philantropiques, qu'il serait plus opportun de restreindre à Van les distributions d'argent et de les affecter plutôt aux villages qui en avaient un réel besoin.

. . . .

Il ne resta à Van que les chefs des comités et les individus qui, avec un salaire de 3 à 4 piastres par jour devaient au besoin prendre part à l'insurrection.

Comme cela arrive partout, avec le printemps les préparatifs du mouvement révolutionnaire commencèrent à prendre de l'importance. On entendit même parler de certaines tentatives comme celle du meurtre de quelques kurdes dans les environs de la ville et dont les corps furent mis en pièces. Les révolutionnaires, voyant surtout qu'aucune poursuite n'était exercée contre de pareils crimes, prirent de jour en jour plus

94 Все это по немногу выясняло Ванскимъ вла-
стямъ, что революцiонеры, видимо, желаютъ
сосредоточить въ Ванѣ возможное большее число своихъ адептовъ и готовятся къ чему то рѣ-
шительному ·

95   Въ те-
ченiе февраля и марта населенiе Вана продолжа-
ло возрастать, а вмѣстѣ съ тѣмъ возрастало и
опасенiе, что, такимъ образомъ; въ Ванѣ можетъ
сосредоточиться вовсе нежелательное число
пришлаго армянскаго населенiя, весьма сомни-
тельной благонадежности. Поэтому, съ наступ-
ленiемъ весны, Ванскiе власти начали принимать мѣры, для выселенiя пришлыхъ армянъ
на прежнiя мѣста ихъ жительства. Амери-
канскимъ миссiонерамъ было предложено —
постепенно сокращать свою благотворительную
дѣятельность въ самомъ Ванѣ и переносить
ее непосредственно въ тѣ селенiя, которыя
больше всего нуждались въ помощи · · · · · · ·

96   зъ городѣ остались тѣ, которые за
плату армянскихъ важаковъ въ 3 — 4 пiастра
въ сутки (не вѣрилъ я этимъ разсказамъ, но
потомъ пришлось убѣдиться въ ихъ правди-
вости), записались въ ряды будущихъ армянскихъ бойцовъ.

Съ начала весны дѣятельность революцiо-
неровъ приняла болѣе активный характеръ;
                       Вскорѣ нѣсколько чело
вѣкъ курдовъ не только поплатились своею

de courage. Toutefois la patience et la longanimité des musulmans s'épuisaient en proportion de l'audace des arméniens.

Les événements survenus à Van au mois de juin 1896

Pour décrire comme il convient l'état d'esprit des arméniens et des musulmans avant le carnage de Van, il importe de traduire littéralement le rapport ci-après du consul d'Angleterre en cette ville.

15 Mai 1896

J'ai l'honneur d'informer V. E. que la situation de cette région n'est pas telle qu'on l'aurait désirée. Durant la dernière huitaine, les révolutionnaires arméniens assaillirent à deux reprises les musulmans; à la première il y eut trois kurdes tués et deux blessés; à la seconde, deux ou trois tués. Dans les deux cas, les corps furent horriblement mutilés. En outre, un attentat fut commis contre la personne d'un riche arménien, habitant en face du consulat Britannique. Hier dans l'après midi, un des révolutionnaires le plus connu fut assassiné dans une maison de la ville. Ce crime fut certainement perpétré par les kurdes, car ce révolutionnaire faisait partie de la bande arrivée de la Perse l'automne passé. Cette bande avait, l'année dernière, inauguré ici le pillage.

96 жизнью, но надъ трупами ихъ были соверще-
ны разныя поруганія. Ропотъ среди мусульманъ усиливался, а революціонные дѣятели,
благодаря полной безнаказанности ихъ пос-
тупковъ, становились все смѣлѣе и смѣлѣе

97 Іюньскія событія 1896 года въ г. Ванѣ

Дабы показать, въ какомъ настроеніи находились Ванскіе агитаторы и мусульмане, передъ началомъ происшедшаго здѣсь кровопро-
литнаго столкновенія, считаю всего лучщимъ
привести здѣсь переводъ рапорта по этому
поводу маіора Вильямса отъ 15-го мая 1896
года *)

„Имѣю честь донести, что состояніе этой области
во всякомъ случаѣ неудовлетворительное. Въ теченіе
послѣдней недѣли армянскіе революціонеры два раза
атаковали курдовъ. Въ первомъ случаѣ три курда были убиты и два ранены, во второмъ два, можетъ быть,
даже три убиты Констатировапо, что въ обоихъ случаяхъ трупы были страшно изуродованы. Затѣмъ чле-
нами того же общество было сдѣлано покушеніе на
убійство извѣстнаго здѣсь банкира (армянина, живу
щаго въ домѣ напротивъ англійскаго коноульства. Вчера,
послѣ полудня, за городской чертой убитъ извѣстный
здѣсь, весьма выдающійся революціонеръ. По всей вѣроятности, это дѣло курдовъ потому, что убитый при-
надлежитъ къ бандѣ, пришедшей сюда прошлой осенью

*) Синяя книга—№ 8. 1896 г. стр. 221.

98 изъ Персіи *). Дѣянія этой банды послужили началомъ
прошлогоднихъ здѣсь грабежей.“

. . . .

La nuit du 2 à 3 Juin, dans une des rues de Van, une patrouille qui montait la garde fut à minuit, l'objet d'une attaque. L'officier et un soldat furent grièvement blessés (*). Et la patience des musulmans fut poussée à l'extrême.

. . . .

"Dans tous les cas, ces imbéciles et ca-
"nailles (termes rapportés) arméniens ont été la
"cause de l'incident. Que de fois je leur ai ex-
"pliqué que leurs agissements enfantins ne peu-
"vent leur être d'aucune utilité. Je leur ai recom-
"mandé de les cesser. Je les ai même priés. Ils
"n'ont pas prêté l'oreille. Certes maintenant je
"crois qu'ils n'ont plus d'espoir."

Telles étaient littéralement les réponses faites par l'honorable Mr. Williams. Mais le fait qu'il eût tenu un langage différent dans son rapport suscita des doutes.

. . . .

En général dans la presse on ne rencontre, au sujet de cette question, aucune page contenant une relation consiencieusement véridique. Tout ce qui a été écrit sur le mouvement arménien est plein de mensonges.

(*) Blue Book N° 8 Année 1896 page 207

99 съ 2-го на 3-е іюня. Въ одной изъ улицъ города Вана, около полуночи, былъ атакованъ офицерскій патруль, при чемъ офицеръ и одинъ изъ нижнихъ чиновъ были тяжело ранены. . . . .

Нечего и говорить, что послѣдняя версія получила право гражданства и ярость мусульманскаго населенія достигла крайняго предѣла. . . . .

101 Кто началъ — турки или армяне?— „Ну, конечно, всему виновато это дурачье (ces imbecciles). . . канальи этакіе! Сколько разъ я предупреждалъ ихъ, просилъ не поднимать никакихъ исторій, если хотите— то даже угрожалъ! Сколько разъ доказывалъ, что изъ ихъ ребяческой революціи ничего не выйдетъ! Нѣтъ, не послушались! Ну а теперь,

102 кажется, убѣдились!„ Твердо помню эту коротенькую рѣчь почтеннаго Вильямса и если въ официальномъ его донесеніи я встрѣчаю нѣчто противное, то мнѣ остается лишь недоумѣвать надъ этимъ мѣстомъ его рапорта, также какъ и надъ многими другими

103 Вообще, могу сказать, что въ печати мнѣ
104 никогда не попадалось сколько нибудь добросовѣстное описаніе минувшаго армянскаго движенія. Статьи, написанныя по этому поводу, обыкновенно полны фальши и лжи. . . . .

Еще разъ свидѣтельствую, что армяне-сельчане вынесли на себѣ всю тяжесть армянскаго движенія, а горожане поплатились не многимъ. Кровопролитныя столкновенія въ го-

. . . .

Il importe de répéter encore une fois que c'est le paysan arménien qui a supporté toutes les conséquences néfastes de la question arménienne.

. . . . . . Le nombre des assassinats commis dans les villes est bien loin des affirmations mensongères de ceux qui prétendent en avoir été les témoins. Les rencontres qui eurent lieu dans les villes causèrent également aux musulmans autant de pertes . . . . . . On ne peut ne pas s'étonner de la conduite des arméniens qui attaquèrent non seulement les turcs et les kurdes mais encore les villes, visées par les comités révolutionnaires et où l'exsaspération générale était portée au dernier degré.

. . . .

Le jeudi 6 Juin, j'ai visité en compagnie du Dr. Regnault deux places fortifiées par les révoltés. Leur façon de fortifier m'a causé de l'étonnement. Ils dirent qu'ils tiendront ferme pendant une dizaine de jours en attendant l'arrivée des renforts de la Perse. Parmi les chefs il y en avait qui appartenaient à la nationalité américaine, russe et bulgare. Ceux arrivés de l'étranger étaient au nombre de 12 à 15 et tous les insurgés atteignaient ensemble le chiffre de 600.

. . . .

104   родахъ имѣли далеко не тотъ характеръ, который придаютъ имъ въ своихъ описаніяхъ
различные тамъ очевидцы. Столкновенія эти
вырывали не мало жертвъ и среди мусуль-
манъ. •

                     нужно только поражаться,

105   какимъ образомъ уцѣлѣло армянское населеніе такихъ городовъ, въ которыхъ армянскіе
агитаторы своими дѣяніями могли довести до
бѣшенства не только курдовъ или туровъ, а
кого угодно.

110   „Въ четвергъ (6 іюня) я съ докторомъ Рейполь-
дсомъ (старшее лицо американской миссіи) посѣтилъ два
укрѣпленныхъ пункта революціонеровъ и былъ пора-
женъ, какъ разумно они вели свое дѣло. Они мнѣ сообщи-
ли, что надѣются продержаться еще 10 дней, въ теченіе
коихъ должны прибыть подкрѣпленія изъ Персіи. Изъ
числа ихъ вождей я видѣлъ одного русскаго, одного
болгарскаго и еще нѣсколькихъ, считавшихся частью
американскими, частью русскими подданными. Я предпо-
лагаю, что общее число пришельцевъ достигаетъ 12—15
человѣкъ. Число всѣхъ повстанцевъ—600. • • • • • • • • ъ.

                                        Вожди
большею частью были хорошо вооружены русскими вин-
товками; они говорили, что ружья эти доставлены на
средства мѣстной подписки между Ванскими армянами
и провезены черезъ Персію. Революціонеры различныхъ
обществъ — Хинчака, Дрошака и Арменіи носили раз-
личныя формы одежды. Я вхожу въ эти подробности,
дабы показать, что всѣ эти повстанцы не были патріо-

Les chefs étaient armés de fusils russes. Ils déclarèrent que les armes provenaient des dons des arméniens indigènes et étaient introduites par la voie de Perse. Les adhérents des différents comités portaient d'uniformes distincts. Je donne tous ces détails pour démontrer que les insurgés n'avaient pas recouru aux armes en vue de protéger leurs femmes et enfants, mais tout particulièrement avec l'intention de se révolter. J'ai entre mes mains des documents relatant comment furent tués nombre de musulmans non armés et absolument inoffensifs qui, sans le savoir, s'approchèrent des places fortifiées par les insurgés.

. . . .

Dans la dernière partie du rapport de Mr. Williams, (il est dit) . . . . . . "Malheureusement „tout ceux qui se laissèrent fasciner par les ten-„tations des révolutionnaires sans vergogne é-„taient de jeunes citadins . . . . Une par-„tie du quartier arménien placée sous ma pro-„tection pût être épargnée grace à l'assistance „du gouvernement.„

Pourtant on était généralement convaincu que la majeure partie des révolutionnaires n'avait pas abandonné les jardins de Van, mais qu'ils avaient seulement enlevé leurs habillements de combat pour porter des vêtements de bourgeois . . . . La terreur des peines

110 тами, защищавшими своихъ женъ и дѣтей, а просто на
просто мятежниками. У меня есть наличныя доказа-
тельства того, какъ они хладнокровно убивали мирныхъ
невооруженныхъ, безобидныхъ мусульманъ, когда послѣдніе неосторожно приближались къ ихъ укрѣпленнымъ
позиціямъ "

126 Къ сожалѣнію долженъ сказать,
что это все молодые люди, увлеченные ихъ
подлыми вождями."

. Часть армянскаго квартала,
которымъ я завѣдывалъ, мнѣ удалось, благодаря содѣйствію властей, спасти отъ грабежа
и пожара"

боль-
шинство держалось того убѣжденія, что если
извѣстное число армянскихъ революціонеровъ
и покинуло Ванскіе сады, то не менѣе зна-
чительная часть ихъ осталась на мѣстѣ, пе-

127 ремѣнивъ лишь свой боевой нарядъ на костю-
мы мирныхъ гражданъ. . . . .
ску-
ченное въ домахъ, прилегающихъ къ англій-
скому и русскому консульствамъ, армянское
населеніе, томящееся въ ожиданіи самыхъ ро-
ковыхъ для себя послѣдствій за геройскіе
подвиги исчезнувшихъ дѣятелей армянской
революціи; . . . .

128 Къ тому же и са-
ма администрація чувствовала себя въ болѣе
чѣмъ неловкомъ положеніи. Для всѣхъ бы-

édictées par les comités hantait l'esprit des milliers d'arméniens, réfugiés aux consulats de Russie
et d'Angleterre . . . . . . D'ailleurs dans cette question le gouvernement se voyait dans une situation assez difficile. Il n'avait même pas pu arrêter,
fut-ce même en partie, les révoltés. Le fait que
ceux-ci s'étaient échappés, sans subir aucune pu-
nition, avait ébranlé entièrement la confiance des
habitants de Van à l'égard des Autorités . . . , .
(Toutefois) C'est uniquement l'attitude du gouvernement qui a empêché le massacre des arméniens de Van . . . . . .

En comparant les nouvelles de toutes sortes, parues dans la presse sous le titre de massacre général de Van, avec les détails exposées
dans cet ouvrage, on parviendra aisément à se
faire une idée exacte de ce que furent les événements survenus dans les différentes parties de
l'Asie-Mineure.

Si l'on étudie les événements survenus à
Van dans la première quinzaine du mois de juin,
on constate que cette contrée se trouve sous un
aspect tout à fait déplorable . . . . . . Les villages
qui se trouvaient sous la protection des kurdes
ont souffert le moins. Par exemple, la présence
dans le caza (canton) de Mukuss d'un chef kurde
influent a été la cause de ce que durant tout les
événements de Van, aucun incident ne s'y fut

128 ло ясно, что она не сдѣлала почти ровно ничего для захвата ну хотя бы нѣкоторой части армянскихъ „федай“... Они ушли вполнѣ безнаказанно и предоставили Ванскимъ туркамъ созерцать полнѣйшее безсиліе ихъ властей въ борьбѣ съ армянскими шайками·

129 И если армянское населеніе Вана избѣгло здѣсь настоящаго „massacr'a“, то это можно поставить лишь въ заслугу Ванской администраціи, ...

Подробное знакомство съ такъ называемыми Ванскими „massacr'ами“ даетъ возможность каждому составить себѣ приблизительное понятіе о томъ, каковъ былъ характеръ аналогичныхъ событій въ прочихъ многочисленныхъ пунктахъ Азіатской Турціи.

130 въ Ванъ (15—16 іюня), въ попадавшихся мнѣ армянскихъ селеніяхъ, я не встрѣчалъ ни малѣйшихъ признаковъ жизни; онѣ не были разрушены, но имѣли странный, унылый видъ . . . .

Въ остальныхъ районахъ вооруженной борьбы почти что не было; не было и смертныхъ потерь; но за то грабежъ—шелъ „во всю“. Менѣе другихъ пострадали тѣ селенія, которыя нашли покровителей среди курдовъ. Но, въ общемъ, уцѣлѣли немногіе районы. Назову казу Мокюсъ, гдѣ, благодаря присутствію извѣстнаго здѣсь курда Муттала-бен, весь смут-

produit. Le gardien des arméniens au caza (canton) d'Adildjuvaze fut Hussein Pacha Haydaranli; au village de Nordouze, Hadji agha protégea les arméniens . . . .

Le 14 Août 1896 à midi, 25 individus du comité Dachnaksoutioune envahirent la Banque Ottomane à Constantinople. Armés, non seulement de fusils Mauser mais aussi de bombes, ils firent à l'Europe une proposition insolente, au dernier degré: Ils déclarèrent ouvertement qui si l'Europe n'intervenait pas effectivement, en vue de mettre à bonne voie les réformes dans les territoires habités par les arméniens et ne prenait pas en considération leurs besoins, ils feraient sauter, au même moment, la Banque Ottomane avec tout son contenu.

. . . . Ceux qui dirigeaient les affaires arméniennes ne cessaient de répéter qu'ils travaillaient au relèvement de toute la nation . . . . Quel a été le résultat de l'attaque de la Banque?

Il est superflu de décrire l'état dans lequel se trouvèrent les arméniens de Constantinople après l'explosion de la première bombe. Pouvait-on attendre un autre résultat de la révolte de messieurs les Dachnakistes ? . . . . . Après une délibération de quelque temps avec Mr. Maximoff,

130 ный для Вана періодъ прошелъ благополуч-
131 но. Въ казѣ Адильджевазъ покровителемъ армянъ явился представитель аширета Гейде-
ранлы-Гуссейнъ-паша, а въ нахіи .Нордузъ-
Хаджи-ага (· · · · · · · · · · · · · · · · · ·)

132   14-го августа 1896 года, около полудня,
25 человѣкъ армянъ общества „Дашна-кцу-
тюнъ" внезапно овладѣваютъ помѣщеніемъ
Оттоманскаго банка въ Константинополѣ и,
обративъ его въ маленькую цитадель, защи-
щаемую не только мауэеровскими пулями но
и динамитными бомбами, обращаются съ
дерзкимъ вызовомъ рѣшительно ко всей
Европѣ. Подъ угрозой взорвать зданіе банка,
со всѣми находящимися въ немъ цѣнностями
и документами, они требуютъ отъ европейскихъ пословъ немедленнаго активнаго вмѣшательства въ дѣла армянъ и самаго энер-
гичнаго проведенія такихъ реформъ, которыя
отвѣчали бы дѣйствительнымъ нуждамъ по-
рабощеннаго армянскаго народа. I· · · · · · · ·к

133   дѣйствительно достоинъ сожалѣнія потому, что до сихъ поръ являлся ни чѣмъ инымъ,
какъ жертвой тѣхъ его умопомраченныхъ руководителей, которые именно своимъ руковод-
ствомъ погубили не одну тысячу своихъ собратьевъ и достигнули не улучшенія соціаль-
наго положенія армянской націи, а напротивъ
того—поставили ее всю въ самое отчаянное
и, пожалуй, безвыходное положеніе.

premier drogman de l'Ambassade de Russie à
Constantinople, il fut décidé que les révolutionnaires qui avaient été, pour quelque temps, maitres
de la Banque feraient acte de soumission, à con-
dition que leur vie, considérée comme sacrée par
tous les arméniens(!) fût sauvegardée.

Ceux-ci conduits tout d'abord au yacht de
sir Edgard, ambassadeur d'Angleterre furent un
ou deux jours après embarqués à bord d'un ba-
teau français qui les transporta à Marseille, pays
libre. Dans cette ville, ils furent condamnés à
l'internement dans une prison. Nul doute que la
plupart de ces individus furent mis en liberté au
bout d'un certain temps. Ces derniers, sans avoir
honte en songeant que leur conduite à Constantinople avait causé l'effusion du sang de centaines de leurs congénères se promenèrent à leur
aise dans les rues.

Le 12-13 septembre 1896, apparut une bande
composée de Hintchakistes .., .. Elle assaillit la
ville de Van du coté du village de "Avance".
Ces individus détruisant tout sur leur passage,
s'avancèrent jusque dans les jardins du quartier
arménien; ils occupèrent une maison, suffisamment aménagée pour la défense, et se préparè-
rent à combattre les bataillons turcs. Le lendemain. . . . en passant de chez Mr. Williams. . . . .
celui-ci me dit que, à partir de ce jour, on s'at-

133 **Къ чему послужилъ эфектный эпизодъ**

134 **атаки Оттоманскаго банка?** . . . .
Описывать ее не стану. Другихъ послѣдствій
съ ногъ сшибательной отваги господъ Дашнакистовъ и не было.

Послѣ довольно продолжительныхъ пере-
говоровъ, драгоману Русскаго Посольства въ
Константинополѣ Максимову удалось, наконецъ, склонить временныхъ владѣтелей Оттоманскаго банка къ сдачѣ, подъ условіемъ сох-
раненіи ихъ дорого стоющей, для всего армянскаго народа, жизни. Они были препровождены сперва на англійскую яхту Сира
Эдгарда; а затѣмъ, нѣсколько дней спустя, пе-
ремѣщены на французское судно „Жиронду“,
которое и доставило ихъ на либеральную
почву Франціи —въ Марсель Здѣсь имъ пред-
стояло заключеніе въ какой то тюрьмѣ. По
всей вѣроятности, большая часть ихъ теперь
гуляетъ гдѣ нибудь на свободѣ и нисколько
не смущается тѣмъ, что ихъ ходульное ге-
ройство прежде всего стоило жизни сотнямъ
ихъ несчастныхъ собратьевъ, а затѣмъ, въ
общемъ ходѣ армянскаго вопроса, окончатель-
но установило поворотный пунктъ не въ пользу
армянъ.

135 Мѣсяцъ спустя, не менѣе доблестная шайка новыхъ героевъ (если не ошибаюсь, на
сей разъ—хинчакистовъ), появилась въ предѣлахъ того же города Вана. . . . .

tendait à assister de nouvean à des scènes tra-
giques . . . . . il ajouta que les chefs de bande
étaient de nationalité russe . . . . .

On entendit des coups de fusil qui conti-
nuèrent sans cesse. De plus les arméniens se
ruèrent sur le jardin du consulat de Russie
comme s'ils agissaient en obéissant à un ordre.
Dans peu de temps, les allées du jardin furent
remplis de familles d'arméniens et de leurs effets.
. . . . . Une demie heure s'était à peine écoulée,
qu'un officier vint m'annoncer, de la part de
Saadeddin Pacha, que des mesures les plus sé-
vères étaient prises pour rétablir l'ordre et ajouta
que les habitants paisibles n'en souffriraient
d'aucune façon.

Le fait de l'investissement de l'endroit, où
se trouvaient les 35 bandits, par huit bataillons
obligea non seulement les arméniens mais encore
les kurdes à se tenir tranquilles . . . . . La nuit
venue, une fumée noire s'éleva de la maison dans
laquelle les révolutionnaires arméniens s'étaient
retranchés et la batisse brûla entièrement. Différentes versions circulent encore quant au sort
des assiégés . . . . . Quelles qu'elles soient, le fait
est que la bande avait pris la fuite. Le lendemain . . . . . on entendit des coups de canons.
Toutes les fois que la canonnade cessait, on en-
tendait le chant des arméniens. En buvant le vin
rouge de Van, ils s'amusaient à tirer des coups

135 Она вступаетъ въ городъ со
стороны сел. Аванса и, бойко слѣдуя, мимо попадающихся ей по дорогѣ отдѣльвыхъ солдатъ, офицеровъ и чиновъ полиціи, направляется къ садамъ армянскихъ кварталовъ. Здѣсь она занимаетъ одинъ изъ болѣе удобныхъ для обороны домовъ и приготовляется выдержать единоборство съ турецкими таборами.

Слѣдуя мимо англійскаго консульства, заѣзжаю къ маіору Вильямсу съ тѣмъ, чтобы сказать ему до свиданія"! — „Ну, напрасно торопитесь", перебилъ меня на первой же фразѣ мой почтенный коллега .. „Вамъ придется остаться потому. что мы сегодня же будемъ свидѣтелями новаго драматическаго акта, и на сей разъ вмѣстѣ съ Вами." Вслѣдъ за симъ онъ

136 разсказалъ мнѣ объ эфектномъ вступленіи прибывшей банды армянъ, предупреждая, что въ числѣ ея руководителей есть русско-подданные.

пошла уже несмолваемая ружейная тресвотня. Одновременно, какъ-бы по сигналу, низкія стѣны, ограждающія мой садъ, были атакованы армянами, тревожно ждавшими начала борьбы. Я не успѣлъ еще сойти внизъ, какъ на моихъ глазахъ выросла, точно изъ подъ земли, масса народа, торопившагося, со своими на скоро захваченными домашними пожитками, занять мѣста по дорожкамъ сада

de feu aux quatre coins .... A l'instar de la veille, ce soir là aussi une épaisse colonne de fumée s'éleva pour annoncer la fin du combat. Cette fois-ci encore les arméniens disparurent d'une façon mystérieuse.

.... Trois jours après fut entrepris sur la route d'Igdire un voyage auquel 400 arméniens prirent part. Les révolutionnaires lassaient, et lésaient à un tel point les arméniens de ces contrées qu'il était certain que tous émigreraient en Russie s'ils avaient eu la possibilité...... Les journées des 15 août et 12 septembre..... eurent pour les arméniens des résultats funestes quant à leur visée.

..... Dans la journée du 22 juillet 1897 une bande franchit la frontière près de Selmass à un endroit situé à l'est de Bache-Kalé et attaqua le village où se trouvait le chef des Merzégui, Cheref bey..... celui-ci fut blessé ; en même temps près de 150 personnes des deux sexes y périrent.

Vers la fin du mois d'août de la même année, la bande du sujet russe Kharamaz, fit son apparition. Cette bande de 30 individus fut aussitôt arrêtée sans qu'aucun incident se produisit. Après ces incidents la question arménienne s'éteignit dans la province de Van.

136 и подъ деревьями не особенно большого раіона, охваченнаго стѣнами консульства. • • • • • • •

Черезъ полъ часа въ кон сульство прибылъ офицеръ Саадединъ-паши съ порученіомъ — сообщить, что приняты самыя строжайшія мѣры, для сохраненія общаго спокойствія и что мирному населенію ника-
147 кой опасности не угрожаетъ Дѣйствительно присутствіе достаточнаго числа наличныхъ, войскъ (8 таборовъ пѣхоты), незначительность шайки (всего около 35 человѣкъ) и, наконецъ, тщательная локализація борьбы, ограниченной тѣснымъ раіономъ, прилегающимъ къ атакованному дому, все это не замедлило повліять успокоительно не только на армянъ, но и на турокъ Безплодная перестрѣлка продолжалась до вечера. Съ заходомъ солнца все стихло, а затѣмъ, поднявшіеся надъ Араркомъ густые клубы чернаго, керосиноваго дыма оповѣстили о томъ, что въ домѣ, занятомъ армянской шайкой, не осталось никого! Куда же, однако, дѣвались его защитники? объ этомъ и до сихъ поръ ходятъ различные варіанты. • • • • • • • • •
138 На слѣдующій день, • • • • • •

Въ началѣ второго часа послѣдовалъ первый пушечный выстрѣлъ; • • • • • • •
Не смотря на почти непрерывный двухчасовой огонь съ обѣихъ сторонъ, потери были не велики Въ баталіонѣ оказалось двое раненыхъ и одинъ убитый, на сторонѣ революціонеровъ

Mais elle se ralluma dans la province de Bitlis du coté de Sassoun et de Mouche.

Durant les années de 1898-99 la bande d'un certain Sérope acquit une certaine réputation. Cet arménien est le seul et unique chef de bande qui s'est révolté tout particulièrement pour la cause nationale. ... Celui-ci. ... s'était fait une grande renommée dans ces contrées.

En 1898 le mouvement arménien fut circonscrit à la Province de Bitlis.

. . . . . . Dans la brochure intitulée : " Pour l'Arménie „ tout ce que l'on pourrait imaginer en fait d'atrocités y est amplement relaté . . . . . . Les écrivains arméniens s'écartent au plus haut degré de la vérité. Leur but essentiel est d'inventer et de décrire des atrocités inouies. Par là au lieu d'attirer de l'intèrêt et de la sympathie ne provoquèrent que du mépris sur les arméniens. Au point de vue national cet effort peut être considéré comme entièrement digne d'éloge.

. . . . Au commencement de l'hiver de l'année 1901, apparut aux environs de Mouche la bande d'Antranik. Le 20 Décembre cette bande s'empara du couvent Sourp Araquèle (situé à 5 ou 6 verstes à l'Est de Mouche) et le mit tout simplement en état d'une petite place fortitiée......
Au couvent de Sourp Araquèle, outre la bande

138 двое убитыхъ. Въ короткихъ паузахъ боя, сквозь открытыя окна атакованнаго дома, какъ говорятъ, слышны были веселыя пѣсни армянскихъ удальцовъ, распивавшихъ розовое

139 Ванское вино и какъ бы шутя отстрѣливающихся на всѣ четыре стороны.

А затѣмъ, какъ и наканунѣ, поднявшійся надъ этой частью Ванскихъ садовъ столбъ чернаго дыма возвѣстилъ о томъ, что состязаніе кончено. Армяне снова непонятно исчезли; но на этотъ разъ они очутились уже за предѣлами городской черты, отступивъ на югъ, къ горамъ Шатаха. Рота солдатъ была выслана для ихъ преслѣдованія. *)

Спустя три дня, я былъ уже по пути къ Игдырю; меня сопровождало 400 армянъ, выселявшихся изъ Вана. Дѣятельность армянскихъ агитаторовъ создала здѣсь такія тягостныя для жизни условія, что если бы только представлялось возможнымъ, въ Россію ушли-бы всѣ Ванскіе армяне поголовно

Дни 14 августа и 12 сентября весьма характерны для очерка дѣятельности армянскихъ агитаторовъ . . . .

140 Но все ограничилось лишь тѣмъ, что 22 іюня, къ востоку отъ Башкалы, на границѣ Салмаса (Персидская провинція), какая то банда армянъ

141 присоединилась къ персидскимъ курдамъ и

d'Antranik, il y avait aussi des prêtres et des villageois; il s'y trouvait même des femmes et des enfants.... Les troupes avaient enveloppé pe tous côtés le couvent par un cordon militaire. Dans la nuit du 29 décembre une très forte tempête de neige faisait rage, les défenseurs du couvent disparurent sans laisser aucune trace.

...... En 1902.... la question macédonienne surgissant, le mouvement de Sassoun fut forcément différé. La pression exercée de dehors sur le Gouvernement Ottoman à la suite de la révolte macédonienne ayant été jugée suffisante, on n'avait pas voulu créer une nouvelle question dans ces contrées.

Toutefois le gouvernement, en faisant cerner Sassoun avait, en vue d'empêcher les bandes de s'étendre dans la plaine de Mouche.....

Le "Pro Armenia„, organe de propagande des arméniens...... publiait en 1903 dans son No. 66 les lignes suivantes: "Dans le cas où l'Europe ne voudrait pas user officiellement de ses moyens d'intervention, les révoltés arméniens ne consentiront pas inutilement à leur propre extermination ainsi qu'à celle de leur nation. Partout où il y aura des arméniens en danger, qu'ils soient de Sassoun ou d'autres localités, le comité accourra â leur secours."

141 произвела внезапное нападеніе на лагерь представителя курдскаго аширета Мерзеки—Шерафъ-бея. Во время атаки былъ раненъ Шерафъ-бей и убито и ранено около 150 человѣкъ турецкихъ курдовъ—мущинъ, женщинъ и дѣтей. . . . .

Въ концѣ августа того же года близъ Вана появляется шайка русскоподданнаго Фарамаза Ее удачно захватываютъ цѣликомъ (около 30 человѣкъ) безъ всякихъ осложняющихъ актъ арестованія инцидентовъ После этого анархическая дѣятельность армянъ въ Ванскомъ вилаетѣ затихаетъ, и на сцену исподволь начинаетъ выступать Битлисскій вилаетъ съ его областями Сасуномъ и Мушемъ. Въ 1898—99 годахъ особую славу пріобрѣтаетъ здѣсь шайка Серопа . . . .

142 И такъ, могу констатировать, что съ начала 1898 года анархическая дѣятельность армянъ ограничивается, главнымъ образомъ, вилаетомъ Битлисъ. . . . .

146 — Словомъ въ, эту аляповатую мазню втиснуто все, что только можетъ создать самое разнузданное воображеніе.

147 — Истины нѣтъ потому, что армянскіе авторы тщательно ея избѣгаютъ У нихъ все построено на раздуваніи фактовъ. Вся ихъ дѣятельность основана на созданіи небылицъ, которыя могли бы вызвать симпатіи — къ армянамъ и антипатіи — къ тур-

Dans le No. 65 du même journal : « Si nos frères ne parviennent pas à nous secourir à temps, nous serons égorgés comme des moutons Nous ne pouvons pas compter toujours sur l'intervention de l'Europe. Pour nous défendre, nous devons avant tout nous appuyer sur nos propres forces. Au moment où nous exposons nos poitrines contre les projectiles de l'ennemi, nous avons le sentiment que nos frères et nos sœurs nous viendront en aide. »

Il résulte de tout ceci que ceux qui se trouvaient à la tête du mouvement arménien conçurent, à la suite de la survenance de la question macédonnienne, l'idée de faire surgir à nouveau une légende d'Arménie et d'amener ainsi l'Europe à résoudre les deux questions simultanément.

(Voici) l'appel de Sarafoff, célèbre chef de bande macédonien aux arméniens, (paru) dans le No. 76 du journal précité :

Frères arméniens ! Soyons sûrs que l'arrivée de l'automne raffermira notre lien de confraternité. L'Europe qui, en apposant sa signature sous les art. 3 et 61 du Traité de Berlin. avait pris sous sa protection le respect de l'humanité en Turquie, sera obligée de faire des démarches sérieuses en présence de notre protestation collective. La chaîne d'esclavage pesant, depuis des

147 камъ. Съ патріотической точки зрѣнія такая дѣятельность, можетъ быть, вполнѣ похвальна.

151 **Блокада шайки Антраника 11 ноября 1901 г.**

Въ началѣ зимы 1901 года, близъ Муша, появляется армянская шайка нѣкоего Антраника*), ...

152 20 ноября она захватываетъ монастырь Сурпъ-Аракелъ (верстахъ въ 5—6 къ востоку отъ Муша) и обращаетъ его въ маленькую крѣпость.

Въ монастырѣ Сурпъ-Аракелѣ, вмѣстѣ съ шайкой Антраника, были между прочимъ монахи и сельчане, въ томъ числѣ женщины и дѣти . . . .

153 Въ ночь на 9-е декабря, въ время сильной мятели, защитники монастыря скрылись безслѣдно. . . . .

154 Но разгоравшееся возстаніе въ Македоніи явилось факторомъ, препятствующимъ выполненію предполагаемыхъ экспедицій въ Сасунъ Неумѣстно было заводить здѣсь какія нибудь дѣла въ то время, когда турецкая администрація и безъ того подвергалась усиленному гоненію по поводу Македонскихъ смутъ Пришлось ограничиться лишь блокадою Сасуна, дабы, по возможности, затруднить переходъ оттуда революціонныхъ шаекъ на равнину Муша. . . . .

siècles, sur ces deux peuples (bulgares et arméniens) sera — espérons-le — brisée sous peu et que les deux frères s'en trouveront entièrement affranchis. Vive l'Arménie! Vive la Macédoine!

Résultat de 10 années d'efforts des arméniens révolutionnaires

Ces résultats sont bien fâcheux au point de vue de leur existence. L'état des arméniens, loin de s'améliorer, s'empira sensiblement. Non seulement en Turquie, mais aussi au Caucase, la situation était la même.

.... Les notables arméniens s'étant rendus parfaitement compte de la façon dont les révolutionnaires, en poursuivant l'idée de faire doter les arméniens d'un régime libéral, avaient causé, le malheur des milliers de leurs congénères, ils s'attendaient anxieusement à ce qu'ils missent fin à leurs agissements.

.... Il existe de nombreuses régions exclusivement habitées par des grecs au sujet desquels il n'est jamais venu à l'esprit du Gouvernement Ottoman de les tenir sous une surveillance de police ou militaire quelconque. Car les grecs vivent en ces localités paisiblement et en parfaite amitié. Ils font la propagande de leurs idées nationales très discrètement. Ils ne sont nullement bruyants; ils paient partout les impôts par anticipation.

155

дующія строки той же газеты „Рго Armenia
(№ 66 —1903 г.) прямо говорятъ, что армяне
имѣютъ въ Сасунѣ извѣстное число боевыхъ
силъ, вполнѣ готовыхъ къ началу борьбы.
„Если официальная Европа не исполняетъ
своихъ элементарныхъ обязанностей, то „фе-
даи“ не позволятъ безнаказанно задушить
ихъ беззащитныхъ собратьевъ. Изъ Сасуна,
или ужъ откуда бы тамъ не было, они явятся
туда, гдѣ будетъ угрожать опасность“...

Затѣмь, въ № 65 имѣется нѣчто въ родѣ призыва новыхъ добровольцевъ „Если
156 въ ближайшемъ будущемъ наши собратья не
явятся къ намъ на выручку, мы будемъ пере-
рѣзаны, какъ бараны... Мы не можемъ пос-
тоянно расчитывать... на вмѣшательство Европы. Мы должны надѣятся, какъ на свой
щитъ, прежде всего на самихъ себя...“ „Въ
тотъ день, когда мы поставимъ свою грудь
къ непріятельскимъ пулямъ, мы почувству-
емъ и оцѣнимъ матеріальную и моральную
помощь нашихъ братьевъ и сестеръ.“

Всѣ приведенныя выдержки свидѣтельствуютъ о томъ, что современная идея армянскихъ
вожаковъ—усугубитъ тяжелое положеніе Турціи и прибавить къ чепухѣ Македонскихъ дѣлъ
осложненія въ Курдистано-Арменіи, можетъ получить осуществленіе въ ближайшемъ будущемъ. Опубликованіе въ № 76 газеты „Рго Аг-

En agissant ainsi ils veulent dire: Perçois l'impôt que tu veux mais laisse-nous complètement tranquilles dans l'état où nous nous trouvons. Il arrivera sûrement un jour où ce sol sera entièrement à nous. Nous attendons avec calme l'arrivée de ce jour.

L'unique préocupation d'un grec, même au plus bas âge, consiste en ce que Constantinople devienne un jour la capitale des grecs.

156 „ncnia“ воззваніе Сарафова гласитъ объ этомъ такъ:.. Братья армяне! Будемъ надѣяться, что съ наступленіемъ весны, наша братская солидарность восторжествуетъ. Нашъ послѣдній соединенный протестъ положитъ конецъ тираніи и заставитъ Европу выполнить ту человѣколюбивую миссію, которую она взяла на себя, подписавши 3 и 61 статьи Берлинскаго трактата. Будемъ надѣяться, что этотъ послѣдній порывъ нашъ къ свободѣ порветъ, наконецъ, мучительныя цѣпи, лежащія на двухъ націяхъ въ теченіе долгого ряда вѣковъ. Да здравствуетъ Арменія!... Да здравствуетъ Македонія!...

157 **Результатъ десятилѣтней дѣятельности армянскихъ агитаторовъ.**

Печальны эти результаты. Общее соціальное положен е армянъ не улучшилось, а наоборотъ —значительно ухудшилось, и не только въ Турціи, но и въ предѣлахъ Кавказа.
158 Нечего и говорить, какъ все это сильно подрываетъ общее благосостояніе всей націи. И тревожное настоящее отнюдь не говоритъ въ пользу того, что армяне въ ближайшемъ будущемъ избавятся отъ гнета ихъ собственныхъ вожаковъ. ......
На
ціональныя идеи грековъ ничуть не слабѣе
159 таковыхъ же идей у армянъ. А, между тѣмъ какъ ведутъ себя греки въ предѣлахъ Турціи

LES ARMÉNIENS CATHOLIQUES

Les arméniens Catholiques se considèrent, de tout temps, comme une nation à part. D'ailleurs la religion catholique n'est pas favorable à la propagande nationale. Il s'en suit que chez les arméniens catholiques les idées nationales ne peuvent se développer.

. . . . Les turcs forment le meilleur élément par rapport non seulement à la population musulmane mais aussi à tous les autres peuples de l'Asie-Mineure. Ils n'ont mérité, en aucun temps, les attributs blâmables bien connus que la presse russe et européenne leur imputent.

La liberté, à l'obtention de laquelle les chrétiens d'Orient travaillent revient au prix du sang et des chrétiens et des musulmans . . . . . . Dans les révoltes d'Orient, qui alarmèrent, de temps à autre, l'Europe, la faute en fut toujours rejetée entièrement sur les turcs et en partie aussi sur le Gouvernement Ottoman. Le fait de considérer le Gouvernement Ottoman fautif ou innocent varie selon le point de vue poursuivi par l'Europe. Mais y a-t-il possibilité de faire admettre à l'Europe la vérité qui consiste en ce que les révoltes de ce genre proviennent non pas des oppressions du gouvernement, mais bien de l'attitude trop libérale que celui-ci observe en matière de religion et de nationalité.

159 вообще? Мнѣ извѣстны. теперь довольно боль
шія области со сплошнымъ греческимъ насе
леніемъ, области, въ которыхъ, какъ это не
странно, нельзя встрѣтить ни одного зацтін,
ни полицейскаго, ни одного турецкаго чинов-
ника. Греки живутъ себѣ здѣсь тихо, мирно,
дружно. . и турецкая администрація почти
ихъ не касается Почему? Потому что они
ведутъ себя вполнѣ благоразумно: они спокойно
холятъ свои народныя идеи, не шумятъ ими,
не мутятъ, и странно, чуть ли не за годъ
впередъ, платятъ всѣ причитающіяся съ нихъ
подати и повинности, держась той программы,
что .. „на вотъ, молъ, возьми все, что тре-
буешь, но только оставь насъ въ полномъ по-
коѣ, и предоставь намъ жить такъ, какъ мы
хотимъ,   пока эта земля не станеть когда
нибудь вполнѣ нашей. "   ..

И каждый грекъ непрестанно уповаетъ на
то, что столица Султана въ будущемъ снова
станетъ греческимъ Царьградомъ.

АРМЯНЕ КАТОЛИКИ.

160   они держатся отъ своихъ
собратьевъ вполнѣ особнякомъ и даже не хотятъ признавать себя армянами, вообще.......

161 . Турки—лучшая часть не только мусульманскаго, но и прочаго населенія Аз. Турціи.
Они вовсе не заслуживяютъ той репутаціи,
которая создается имъ извѣстною частью рус-
ской и иностранной печати. Та свобода, кото-

Les turcs ne se sont jamais immixés dans les affaires religieuses ou nationales des peuples qui appartiennent à leur sujétion. Les écoles chrétiennes ne furent jamais soumises à aucune sorte de contrôle. Ce système de gouverner a fait que les sentiments nationaux et religieux des peuples soumis aux turcs, se sont développés plus qu'il n'en fallait. D'ailleurs ces idées nationales se développant juspu'à un certain point aboutissent infailliblement à la révolte.

L'idée de fomenter à tout prix des troubles en vue d'attirer l'intervention de l'Europe, ne quitte jamais l'esprit des chrétiens de Turquie. Chez eux cette opinion est très juste et fixe, car ils ont sous les yeux l'exemple des grecs, des roumains, des serbes et des bulgares.

Ceux qui travaillaient à provoquer ces révoltes éprouvèrent autant de difficultés pour y montrer les turcs comme les assassins des chrétiens qu'ils en eurent pour les faire naître. Les silencieux turcs seuls savent ce qu'ont fait les révolutionnaires chrétiens pour exaspérer les musulmans.

Le principal motif qui a poussé à commettre aveuglement les actes funestes que la plus profonde imagination seule pouvait concevoir ne consiste pas seulement dans la suggession des journaux quoditiens, mais il y a encore les images préparées dans ce sens sous de milliers de formes diverses et distribuées à la population.

161 рой добились и добиваются христіанскія народности Востока, окупается здѣсь такими же
потоками крови для турокъ и мусульманъ,
какъ и для ·христіанъ. . . . . ··

анархическое
состояніе различныхъ частей Турціи, періодически поражавшее это государство, Европа
162 всецѣло относила на вину турокъ, вообще, и
турецкой администраціи – въ частности. . . . .

Христіанскія школы почти
никогда не подчинялись никакому контролю.
Такой режимъ турокъ способствовалъ поддер-
жанію и развитію среди христіанъ ихъ національныхъ идей и, когда эти послѣднія достигали извѣстной зрѣлости, — наступали смут-
ные періоды. Въ основѣ ихъ христіане Востока всегда клали одну идею — созданіе анархіи, какъ предлога, для вмѣшательства ино-
странныхъ державъ. Идея, несомнѣнно пра-
вильная. Достиженіе свободы греками, румы-
нами, сербами и болгарами служитъ сему
нагляднымъ доказательствомъ. Нечего и говорить, что люди, работавшіе надъ созданіемъ
этой анархіи, не менѣе трудились и надъ тѣмъ,
чтобы изобразить турокъ въ роли палачей
христіанскаго населенія. О томъ, какія звѣр-
163 ства творились христіанскими агитаторами,
для возбужденія мусульманъ, знали лишь одни
молчаливые турки. Дѣянія же этихъ послѣднихъ, уснащенныя самыми возмутительными

C'est au moyen de ces propagandes que la barbarie des turcs et en général des musulmans a été rendue publique. On s'efforce de faire naître cette pensée parmi les chrétiens naïfs: Les Turcs se reposent cinq, dix ans. Puis tout d'un coup un accès de fièvre s'empare d'eux; ils se lèvent tous ensemble. Ils disent, partout où il y a des chrétiens, massacrons-les, exterminons les et se ruent sur eux sans chercher aucun motif.

. . . . Tel est l'état d'âme de tous les chrétiens en Orient. Pourtant, si les turcs avaient la même moralité que celle des correspondants des journaux chrétiens et si l'état des chrétiens de Turquie était tel que ceux-ci se l'imaginaient existerait - il jusqu'à présent de chrétiens en Turquie ?

Bien que l'on voit des milliers d'arméniens tombés dans l'extrême dénouement, on ne rencontre nulle part la barbarie turque notoirement connue. La barbarie turque n'existe pas en réalité, elle n'est qu'une fable politique sciemment inventée.

. . . . S'il faut dire la vérité telle qu'elle est, il y a lieu d'avouer qu'en Orient ce ne sont pas les musulmans qui sont les barbares, mais bien les chrétiens. En Orient, ce furent les chrétiens qui commirent tous les méfaits et les rejetèrent ensuite sur les musulmans sans protection. Ce qui doit attirer l'attention en Turquie c'est la longue durée de la période de sécurité plutôt que les

163 подробностями, которыя можетъ только создать самая пылкая фантазія, являлись достояніемъ не только ежедневной печати, но и лубочной живописи, всегда такъ сильно и неотразимо дѣйствующей на народныя массы. Отсюда - то ложное мнѣніе, что турки и, вообще, мусульмане — „звѣри“, способные исключительно на самыя возмутительныя дѣянія; что турки живутъ 5— 10 лѣтъ подъ рядъ мирно, спокойно, тихо, а затѣмъ, на нихъ нападаютъ какіе то лихорадочные припадки и они . вдругъ, ни съ того ни съ сего, — ровно всбѣсятся и . . здорово живешь, давай рѣзать несчатныхъ христіанъ!

Такова подкладка той свободы, которой добились уже многія христіанскія народности Востока. Если бы турки были такими, какими ихъ воспроизводятъ всякіе корреспонденты на страницахъ газетъ и журналовъ, если бы условія жизни христіанъ въ Турціи были дѣйствительно такъ тяжки, какъ объ томъ свидѣтельствуютъ христіанскіе агитаторы, то возможно ли было-бы существованіе этихъ христіанъ въ настоящее время?. . . . .

165 видѣлъ тысячи армянъ, находившихся въ самомъ бѣдственномъ положеніи... но столь извѣстныхъ „турецкихъ зверствъ“ не встрѣчилъ нигдѣ;. . . . .

Я неоднократно задавалъ себѣ вопросъ: являюсь ли я, въ данномъ случаѣ, избранникомъ судьбы, щадящей

révoltes qui éclatent de temps à autres. Alors qu'il eût fallu que l'oppression et la vexation ainsi que la révolte perpétuelle dominassent dans un pareil pays, l'éloignement seul des révolutionnaires de ce milieu a radicalement enrayé et supprimé toute agitation. La révolte arménienne prit un caractère tel comme si elle n'avait jamais existé. Seulement la révolte fit place à la famine.

Dans quel état se trouvaient en 1895-96 les provinces de Trébizonde et de Sivas et que devinrent-elles au bout de quelques années? Aux révoltes extrêmement sanglantes succédèrent le calme et la tranquillité.

. . . . En voici la cause: La tranquillité et la sécurité dans ces régions, durant les années 1900-1903, étaient étonnantes. Au Caucase, pays voisin de la province de Trébizonde, malgré que toutes sortes de moyens de répression étaient secondés par un rigoureux service d'ordre militaire, on massacrait et assassinait les gens en pleins jours. Pareils incidents se répètent presque chaque jour. Tandis qu'à Trébizonde, où il n'y a que trente ou quarante malheureux gendarmes, la sécurité la plus complète ne cesse de régner. Ce fait constitue la preuve la plus convaincante pour démontrer, d'une façon irréfutable, la valeur de l'administration ottomane et la moralité exemplaire de sa population en fait d'obéissance aux autorités. Cette population a formé

165   меня отъ тяжелыхъ впечатлѣній или же „турецкія звѣрства“, вообще, имѣютъ скорѣе миѳическій, легендарный характеръ.

А въ настоящее время я держусь того

166   убѣжденія, что къ звѣрствамъ способны не турки, а скорѣе именно тѣ христіане Востока, которые изощряются надъ измышленіемъ этихъ звѣрствъ и валятъ ихъ затѣмъ на голову туровъ. · · · · · · · · · · · · · · ·

167   Все

это приводитъ къ тому, что въ Турціи всякаго человѣка должны поражать не безпорядки, періодически появляющіеся въ различныхъ частяхъ имперіи, а тѣ длинные промежутки абсолютнаго покоя, которые слѣдуютъ за анархическими періодами. Нужно удивляться не тому, что въ Турціи происходятъ смуты, а тому, что здѣсь въ теченіе иногда цѣлаго ряда лѣтъ никакихъ смутъ не происходитъ. Казалось-бы, что при слабой администраціи тутъ должно было-бы существовать царство постояннаго произвола и насилія; а между тѣмъ на самомъ дѣлѣ, мы видимъ нѣчто иное Стоитъ только политическимъ агитаторамъ, въ извѣстной области, исчезнуть, и всѣ смуты—какъ рукой сняло! Взамѣнъ хаоса наступаетъ тишь и гладь. Трудно вѣрить въ существованіе такихъ контрастовъ! Но они на лицо. Что изображали собой хотя-бы вилаеты

168   Трапезонда и Сиваса въ 1895—1896 годахъ

une catégorie d'une nature telle que le Gouvernement turc peut compter en toute confiance sur cette masse dans les moments les plus difficiles

.... **La situation des kurdes**

Le Kurde Moussa Bey de Kardjigan est connu de tous. Kouli-Khan bey et Téli bey de Guévache; Chakir agha du Caza de Chatakhe et autres, bien qu'ils ne puissent être comparés aux chefs des tribus, sont pourtant connus de tous comme des gens de renom parmi les kurdes indigènes. Durant la révolution arménienne ces aghas ont joué d'importants rôles. Grâce à l'influence de certains d'entre eux, les arméniens furent protégés et leurs besoins et dénouements allegés ...... Par exemple, Moussa Bey, Kouli-Khan Bey se sont accourus avec tous leurs hommes pour la protection des arméniens, et leur ont prêté secours. Les villages arméniens qui ont recouru à la protection des aghas et des tribus ont été entièrement à l'abri de toute calamité. Alors que le village voisin non protégé avait été mis en ruine, personne n'a pu les inquiéter.

174 и каково теперешнее ихъ состояніе?. Невообразимый здѣсь хаосъ и сумбуръ замѣнились невозмутимой тишиной и покоемъ. Что за притча? Я беру два названныхъ вилаета потому, что я наблюдалъ здѣсь мирную для нихъ эпоху 1900—1903 годовъ; и въ теченіе всего этого времени поражался существующимъ здѣсь мирнымъ теченіемъ общественной жизни. Смѣшно сказать—ну ровно ничего не приходится слышать, даже о простомъ воровствѣ. Становишься втупикъ, когда вспоминаешь нѣкоторыя ближайшія къ Трапезонду области Кавказа, гдѣ есть и земская стража, и полиція, и войска, и жандармерія, и чего-чего только нѣтъ, для охраны общественной безопасности; а между тѣмъ, людей бьютъ тамъ и рѣжутъ среди бѣлаго дня, чуть ли не ежедневно. Здѣсь же кромѣ нѣсколькихъ десятковъ несчастныхъ заптіевъ, вооруженныхъ допотопными ружьями, ничего другого нѣтъ И все обстоитъ мирно, тихо, благополучно..... Сложныя это явленія!.. Явленія, заслуживающія самаго подробнаго анализа и вмѣстѣ съ тѣмъ свидѣтельствующія какъ объ извѣстныхъ достоинствахъ турецкой администраціи, такъ равно и о доброкачественности коренного слоя населенія туровъ. Это такой слой, на который турецкая администрація можетъ упереться надежно и прочно, даже

175 при самыхъ, повидимому, невозможныхъ по-

. . . . Rapports entre Kurdes
et Arméniens

. . . . Sans exception . . . . les allé-
gations des publicistes suivant lesquelles, les
kurdes travailleraient à exterminer les arméniens,
doivent être entièrement rejetées. Si elles étaient
fondées, il eût fallu qu'aucune personne, appartenant à une autre nation, ne pût vivre parmi
les kurdes et que les divers peuples qui vivent
au milieu d'eux se furent trouvés dans la néces-
sité ou de devenir comptètement leur esclave ou
bien d'émigrer en masse faute de pouvoir se pro-
curer un morceau de pain. Or, ni l'une ni l'autre
de ces deux alternatives n'ont leur raison d'être.
Au contraire, toute personne qui connaît réelle-
ment les provinces orientales attestera que dans
ces contrées les villages des chrétiens sont en
tout cas plus riche et plus à leur aise que ceux
des kurdes . . . . Les villages chrétiens c'est-
à-dire la population arménienne sachant travail-
ler plus méthodiquement menait une vie plus
aisée que celle des kurdes. Si les kurdes avaient
été, comme le prétendent les européens, des bandits et des voleurs, l'état de prospérité des arméniens qui a duré jusqu'en 1895 n'aurait jamais été possible. Ainsi donc jusqu'à l'année
1895, la détresse des arméniens en Turquie n'est
qu'une légende imaginaire, inventée avec exagé-

175 ложеніяхъ и условіяхъ.

176   въ казѣ Карчканъ всѣмъ хорошо извѣстенъ курдъ Мусса-бей; въ казѣ Кявашъ — Кули-ханъ и Тели-бей; въ казѣ Шатахъ — Шакиръ ага и проч. Всѣ эти и имъ подобныя личности, хотя не могутъ быть сравниваемы съ начальниками отдѣльныхъ аширетовъ, ...

Это послѣднее нерѣдко цѣлыми селеніями прибѣгало къ помощи подобныхъ Мусса-беевъ, Кули-хановъ и другихъ лицъ, прося у нихъ покровительства и защиты, ...

182   благодаря содѣйствію какого нибудь Шакира или Мустафы, спасалось отъ преслѣдованія, отдавшееся подъ ихъ покровительство селеніе, въ то время, когда всѣ окрестныя селенія подвергались почти полному разоренію.

Отношенія курдовъ къ армянамъ.

185   Никакое трудолюбіе само по себѣ никогда не могло бы обезпечить армянамъ - сельчанамъ того матерьяльнаго благосостоянія, которымъ они обладали до 1895 года, если бы только накопляемые ими достатки подвергались постоянной опастности разграбленія. Въ виду этого, всѣ разсказы о бѣдственномъ положеніи армянъ въ Турціи (до 1895 года) нужно считать слишкомъ преувеличеннымъ и

ration. L'état des arméniens de Turquie n'était pas pire que celui des arméniens se trouvant dans d'autres pays.

. . . . Les faits comme ceux que les révolutionnaires arméniens qualifiaient, en jetant les hauts cris, de pillage et d'assassinats se produisaient tant et plus au Caucase. Pour ce qui est de la question de l'enlévement de bestiaux, celle-ci n'a pas un caractère autre que celui des vols de troupeaux qui se pratiquent dans différentes localités de la Russie. Quant à la sauvegarde de la vie et des biens, partout où le Gouvernement Ottoman exerçait son autorité, était mieux garantie que dans le district d'Elisabétopol.

Durant les années 1895 et 96, les kurdes étaient sans contredit, les ennemis de la population arménienne. Mais ce fait n'implique nullement l'existence d'une animosité perpétuelle entre ces deux nations. Cette agitation n'est qu'une comédie échafaudée dans l'imagination des révolutionnaires et mise effectivement à exécution.

On a vu certains chefs kurdes, qui avaient acquis depuis des années un renom comme bandit et pillard, prendre sous leur protection, même dans les moments les plus critiques des événements, les arméniens nécessiteux. Il ne peut y avoir de preuve plus solide de ce qu'ils ont vécu en parfaite amitié avec les kurdes qu'ils appelaient des voleurs de grand chemin.

185 раздутыми. Имъ жилось здѣсь не хуже, чѣмъ въ другихъ мѣстахъ. Грабежи и разбои, о которыхъ столько кричали армянскіе агита. торы, практиковались здѣсь въ гораздо меньшихъ размѣрахъ, чѣмъ на Кавказѣ. Угонъ скота былъ такимъ же явленіемъ, какъ и конокрадство въ различныхъ районахъ Россіи. А личная и имущественная безопастность въ тѣхъ областяхъ, гдѣ авторитетъ турецкой администраціи былъ достаточно силенъ, была обезпечена даже въ большей степени, чѣмъ хотя бы въ сосѣдней съ Турціей Елисаветпольской губерніи.

186 Въ эпоху 1895 — 1896 годовъ курды, безъ всякаго сомнѣнія, явились бичемъ армянскаго населенія, но отнюдь не потому, что между курдами и армянами яко бы существовала вѣчная вражда. Въ этотъ періодъ на практикѣ было искусственно создано именно то царство безправія которое изъ области фантазіи армянскихъ агитаторовъ перешло въ дѣйствительность. Тѣмъ не менѣе, даже во время этой всеобщей анархіи и массоваго движенія курдовъ противъ армянъ, можно указать на примѣры, свидѣтельствующіе о гуманномъ отношеніи къ бѣдствующему армянскому населенію такихъ курдскихъ агаларовъ, которые всегда пользовались репутаціей самыхъ отчаянныхъ грабителей и негодяевъ Примѣры эти могутъ служить нагляднымъ доказательствомъ

Par exemple, en 1897, en traversant le caza d'Adildjuvaz on passa la nuit à Aren qui est un assez grand village arménien sur le rivage oriental du lac du même nom. La personne qui servait de guide pendant le voyage vint avertir que le kiahya (principal notable) et le curé du village avaient à formuler des demandes avec force prière. Ne désirant accepter officiellement aucune démarche il fallut que l'interprète s'informât lui même et nous fit savoir de quoi il s'agissait. Le question était celle-ci: Durant les événements de Van, alors qu'Emin Pacha des Haidaranli entreprenait le pillage des villages arméniens du caza d'Adildjuvaz une trentaine de ceux-ci auraient demandé aide et protection à Husséïn pacha, également un des aghas des Haidaranli, celui-ci aurait chargé de son côté un nommé Sultan bey de la garde de ces villages au moyen de 69 cavaliers du tribu. De cette manière, quatre seulement de ces trente villages eurent à souffrir à cause de n'avoir pu être secouru à temps tandis que les autres ne subirent aucun dommage. On désirerait maintenant l'éloignement à un autre lieu de Husséïn pacha.

Certains consuls déployèrent de grands efforts pour son éloignement. Or, au lieu de l'éloigner, on doit plutôt le récompenser d'une façon ou de l'autre. Dans le cas où celui-ci quitterait ces régions, tant de villages arméniens manqueraient de protection.

186 того, что во многихъ районахъ армяне жили на ряду даже съ курдами—разбойниками не только сносно, но вполнѣ дружески. Приведу по этому поводу кое какія выдержки изъ моихъ консульскихъ донесеній.

Въ началѣ апрѣля 1897 года, проѣзжая черезъ казу Адильджевазъ, мнѣ пришлось остановиться на ночлегъ въ довольно большомъ армянскомъ селеніи Аренъ, лежашемъ на восточномъ берегу озера того же наименованія. Вечеромъ сопровождавшій меня переводчикъ сообщаетъ мнѣ, что сельчане, во главѣ съ мухтаромъ селенія и священникомъ,

187 хотятъ обратиться ко мнѣ съ какой то просьбой. Не желая офиціально принимать никакихъ просьбъ,—я приказалъ переводчику лично отъ себя узнать—въ чемъ дѣло Побесѣдовавъ съ сельчанами наединѣ, онъ передалъ мнѣ затѣмъ рѣчь ихъ представителя въ слѣдующемъ видѣ.—„Во время погрома Ванскихъ селеній въ октябрѣ 1895 года, Эминь-паша гейдеранскаго ашнрета собралъ своихъ курдовъ съ тѣмъ, чтобы ограбить армянскія селенія Адильджевазской казы. Наше селеніе и еще другія обратились за помощью къ Гуссейнъ-пашѣ (другому представителю то-го-же ашнрета) Послѣдній немедленно командировалъ къ намъ Султанъ-бека съ 50 —60 курдами гамидіе. Они размѣстились по 2—3 человѣка въ каждомъ селеніи благо-

Leur supplique consistait à faire empêcher, autant que possible, ce déplacement.

Le lendemain les villageois firent personnellement des démarches et sollicitèreut à nouveau que leur requête fut prise en considération.

. . . . Le 16 Octobre de l'année 1898, alors que l'on passait la nuit au village de Sokince de la commune de Nordouz (caza de Chatakhe), le préposé de village (moukhtar) d'aspect très respectable et quelques vieux notables assez respectables, après avoir déclaré sous forme de plaintes, qu'à la suite de l'émigration graduelle des villageois il n'existerait plus, au bout de quelque temps, aucun village arménien, ils se plaignirent des kurdes de la tribu de Chidanli, leur voisin en évoquant les souvenirs funestes des années 1895-96. Ils dirent que si le chef des Chidanli Hadji agha qui, des environs de Moussoul se rend en été aux pâturages de la commune de Nordouze, ne s'y etait pas trouvé, pas un seul arménien n'aurait existé jusqn'à présent dans ces parages.

. . . . Dès que la nouvelle des événements de Van de 1896 se répandit ici, on envisagea les moyens d'échapper aux kurdes de Chidanli; notre protecteur Hadji Agha de Moussoul n'etant pas encore arrivé aux pâturages, on décida de nous enfuir là où il se trouvait afin de lui demander azile. Nous nous réunimes au

187 даря ихъ защитѣ мы почти ничего не поте-
рали. Изъ 30 селеній Адильджевазской казы
было ограблено только 4, да и тѣ могли быть
спасены, еслибы Султанъ-бекъ пришелъ нѣ-
сколькими часами раньше. Теперь мы слыша-
ли, что Гуссейнъ-пашу выселяютъ изъ Патноса (*). Если это такъ, то мы лишаемся на-
шего покровителя. Кто станетъ теперь защи-
щать насъ. Мы просимъ консула похлопотать,
не только о возвращеніи Гуссейна-паши, но

*) Въ 1895—1897 годахъ о высылкѣ изъ Патноса Гуссейнъ-
паши прилежно хлопотали нѣкоторые усердные и заботливые
европейскіе консула.

188 тавже и о пожалованіи ему какой нибудь
награды! „На слѣдующій день, передъ моимъ
отъѣздомъ, несмотря на мои протесты, снова
явились священникъ и мухтаръ, въ сопровожденіи нѣсколькихъ сельчанъ, и на сей разъ,
не стѣсняясь ни чѣмъ, сами лично повторили
свою просьбу. Приведенный эпизодъ служитъ
между прочимъ хорошей иллюстраціей того,
какъ трудно въ сумбурѣ армянскихъ дѣлъ
добиться истины.

Еще интереснѣе слѣдующій примѣръ
16-го ноября 1898 года, на ночлегѣ въ селеніи Сувинисъ (Нордузской нахіи, казы Шатахъ) является ко мнѣ, съ виду весьма почтенный, старшина селенія, въ сопровожденіи нѣсколькихъ не менѣе почтенныхъ сельчанъ
Разсказывая о своемъ житьѣ бытьѣ и о томъ,

nombre de 700 et après une marche de deux jours, nous rencontrâmes la caravane avancée de Hadji Agha et le troisième jour, nous rejoignimes Hadji Agha lui-même. Il nous procura à nous tous de quoi manger. Pour la première fois, il immola trente moutons, fit préparerdu riz (pilav). Ainsi, nous fûmes durant tout un mois les hôtes de Hadji agha. Durant ce temps, nous habitâmes sous ses tentes. A la fin, nous ne lui payâmes rien. Ensuite, nous ayant fait accompagner par un nombre suffisant de ses hommes pour nous protéger, nous parvinmes à récolter notre moisson.

Ce sont là des vérités entendues de la bouche même des arméniens personnellement impliqués dans l'affaire; et pourtant Hadji agha est connu dans les provinces de Moussoul et de Bitlis comme un bandit des plus renommés.

Durant les événements de Van en 1896, le kurde Moussa Bey était, d'après les bruits qui courraient parmi les villageois, considéré comme unique par ses expoits. Par bruit on tient à faire entendre que lors des événements un grand nombre de refugiés arméniens avaient trouvé azile auprès de Moussa Bey. Il y avait parmi ces réfugiés même deux sœurs arméniennes de nationalité austro-hongroise; quand les événements eurent pris fin celle-ci vinrent à Van, et, furent placées par ordre de l'Ambassade sous la protection du Consulat Russe. Un ou deux jours après elles s'adressèrent au Consul, munies d'un

188 что армяне нахіи Нордузъ ежегодно высе ляются въ другія казы вилаета, такъ что, со временемъ, здѣсь не останется, пожалуй, ни одного армянскаго селенія, они переходятъ затѣмъ къ своимъ воспоминаніямъ о тяжоломъ для нихъ періодѣ 1895—1896 годовъ „Больше всего досаждаютъ намъ наши сосѣди курды Шейданлы“ жаловался старшина“ Если-бы только не нашъ покровитель Хаджи-ага (кай-макамъ гамидіе, аширета кочеровъ — кочевыхъ курдовъ, приходящихъ на лѣто въ Нордузъ со стороны Моссула), то во всей нашей нахіи давно не осталось-бы ни одного армянина.

189 Омеръ-ага (агаларъ Шейданскаго аширета) всѣхъ насъ если бы не зарѣзалъ, то, во вся-комъ случаѣ, пустилъ бы по миру. Когда въ іюнѣ 1896 года здѣсь стало извѣстно о Ван-скихъ безпорядкахъ, то большая часть Нор-дузскихъ армянъ рѣшила немедленно искать спасенія въ бѣгствѣ. Каждый часъ могли нагрянуть курды Шейданлы Но куда дѣваться? Нашъ покровитель Хаджи-ага еще не прибылъ изъ Моссула Мы рѣшили бѣжать къ нему на встрѣчу. Собралось насъ около 700 человѣкъ Передовыя партіи Хаджи-аги мы встрѣтили въ двухъ дняхъ пути отсюда, а еще черезъ день и самого Хаджи-агу. Онъ принялъ насъ, какъ отецъ принимаетъ своихъ дѣтей. Всѣхъ насъ сейчасъ же накормили. Для перваго раза— зарѣзали 30 барановъ, сварили пловъ; и за-

tas de pièces indiquant le montant de leurs créances sur les paysans de Cardjigan.

Tous les consuls russes sont d'accord à reconnaître que la protection des sujets russes en Turquie est une affaire désagréable.

La sujétion russe n'est considérée pour les ressortissants se trouvant en Turquie que comme un moyen pour couvrir leurs irrégularités, leurs intrigues et leurs affaires louches de tout genre. Ces deux sœurs étaient rentrées de Constantinople dans leur village un an et demi auparavant apportant avec elles 2 à 300 livres et s'y adonnèrent à l'usure. Leurs débiteurs ne remboursant pas leurs dettes de leur propre gré, ou plutôt se trouvant dans l'impossibilité de la faire, le consulat russe fut chargé du recouvrement des sommes dues. Leur encaissement contre l'échange de chaque reçu avait duré pas mal de temps. Celles-ci avaient déclaré en outre qu'elles avaient avancé à Moussa bey, alors qu'elles se trouvaient auprès de lui une somme de 15 livres sans reconnaissance ni signature. Elle laissèrent également au consulat le soin de recouvrer cette somme. Lors de ce prêt aucun témoin n'aurait été présent.

Ainsi qu'elles l'avouaient elles-mêmes y avait-il moyen de demander à un homme d'un si mauvais caractère, comme Moussa Bey, le payement d'une dette contractée sans reconnaissance,

189 тѣмъ, въ теченіи цѣлаго мѣсяца, мы были нахлѣбниками Хаджи-аги, прожили въ его палаткахъ и не заплатили ему ни одной „пара". (*) Потомъ онъ далъ намъ своихъ курдовъ, въ видѣ конвоя, подъ покровительствомъ котораго мы собрали наши посѣвы."

Я никогда не рѣшился-бы приводить подобныхъ примѣровъ, если бы они не были дословнымъ переводомъ разсказовъ самихъ же армянъ, разсказовъ, переданныхъ въ моемъ же присутствіи. Къ послѣднему примѣру мо-

*) Пара —¹/₄₀ піастра; піастръ —восемь копѣекъ.

190 гу добавить, что Хаджи-ага среди населенія Моссульскаго и Битлисскаго вилаетовъ пользуется славой самого отчаяннаго разбойника.

Во время Ванскаго побоища (іюнь 1896 г) въ казѣ Карчканъ, судя по народной молвѣ, особенно отличался на поприщѣ грабежа весьма популярный здѣсь курдъ Мусса-бей. Говорю—судя по народной молвѣ, ибо очень хорошо знаю, что у того же самого Мусса-бея находили надежное убѣжище и защиту тѣ армяне, которые сами отдавались подъ его защиту. Въ числѣ такихъ искавшихъ убѣжи-

191. ща армянъ, у него очутились, между прочимъ, двѣ сестры—армянки, австрійско-подданныя. Послѣ окончанія Ванскихъ безпорядковъ, онѣ переселились въ Ванъ, гдѣ вскорѣ, по приказанію Посольства въ Константинополѣ, были

ni témoin et d'obtenir gain de cause? Sur les instances continuelles de ces deux sœurs auprès du gouverneur de Van, Moussa Bey fut invité au consulat et au cours de l'entrevue qu'on lui avait ménagé avec l'aînée des deux sœurs, lorsqu'on en revient à la question de la dette de quinze livres contractée entre eux, il l'attesta, mais n'ayant pas sur lui cette somme, il consentit à délivrer immédiatement un reçu ; il exprima seulement le sésir à ce que ce reçu fut rédigé au nom du drogman du consulat et non à celui de la femme. Deux semaines après il envoya l'argent et retira le reçu.

Tels sont les menus détails concernant les bandits kurdes avec les arméniens.

On ne doit pas juger la haine et l'animosité que les kurdes ont manifesté contre les arméniens durant les années 1895 et 96, uuiquement sous leur aspect extérieur. Dans un milieu où la vengeance du sang par le sang a pris, parmi les gens appartenant à la même religion, force de coutume, comment se venger du sang musulman versé par les chrétiens au sein d'un tel peuple?

Il y a lieu de considérer également jusqu'à quel point ont dû attirer la colère et la vengeance, les actes immoraux que les arméniens ont commis sur les corps des musulmans qu'ils ont asssassinés (comme celui par exemple de

191 переданы вѣдѣнію русскаго консульства. По отношенію ихъ мнѣ пришлось принять на себя одну изъ тѣхъ непріятныхъ обязанностей, съ которой хорошо знакомы всѣ русскіе консула, когда они являются въ положеніи защитниковъ руско-подданныхъ въ Турціи, или иначе говоря, въ положеніи защитниковъ такого сорта людей, которымъ русское подданство нужно лишь для того, чтобы легче прикрывать свои плутни, интриги и всякаго рода темныя дѣлишки. Едва успѣли Карчканскія армянки получить увѣдомленіе о принятіи ихъ подъ покровительство русскаго вице-консульства, какъ на 2-й или 3-й день онѣ являются ко мнѣ сами лично, представляются, рекомендуются и тутъ же вручаютъ мнѣ цѣлую пачку какихъ то расписокъ, по которымъ онѣ должны получить деньги съ различныхъ должниковъ сельчанъ Карчканской казы. Оказывалось, что эти двѣ почтенныхъ сестры, года полтора тому назадъ, прибыли изъ Константинополи въ свое селеніе, привезли съ собой сотни двѣ—три турецкихъ лиръ и затѣмъ занялись спекуляціей от-

192 дачи таковыхъ на проценты (*) Русскому консульству приходилось, такимъ образомъ, выручать розданныя суммы съ тѣхъ должниковъ, которые добровольно не хотѣли, или просто не могли уплатить, полученныхъ по распискамъ денегъ Но этого было мало. По-

trancher certains de leurs membres et de les mettre dans leur bouche).

En 1895, à l'époque où l'on arriva à Mossoul les rapports entre arméniens et kurdes étaient bons au delà des justes limites. Dans plusieurs localités de la Turquie, ces deux peuples ont vécu souvent en amis. A la fin de l'année 1895 ces rapports prirent tout d'un coup une tournure toute différente. L'excitation des kurdes par les comitadjis contre les arméniens commença à produire ses effets. Pourtant en 1897 les arméniens ayant chassé les révolutionnaires qui pourraient irriter les kurdes, les rapports entre arméniens-kurdes reprirent leur ancien état et s'améliorèrent. Partout où la présence des révolutionnaires se faisait ressentir, les événements arméniens, qui mettaient toujours le Gouvernement en si fâcheuse posture, continuaient à s'y manifester. Désormais ceux qui dirigent les affaires arméniennes tâcheront de gagner, fût-ce même en partie, les kurdes à leur cause; ce qui constituera une phase non encore suffisamment éclaircie de la question arménienne.

192 лучить деньги по векселямъ можно было всегда, хотя бы съ большой проволочкой времени. Въ числѣ поданныхъ мнѣ просьбъ была одна *) изъ самыхъ каверзныхъ. Сестры заявили мнѣ, что, находясь у Мусса-бея, онѣ дали ему взаймы 15 лиръ, на которыя онъ не выдалъ имъ никакой расписки. Тѣмъ не менѣе, при содѣйствіи русскаго консульства онѣ надѣются получить и эти деньги. На мой вопросъ—были ли, по крайней мѣрѣ, хотя какіе нибудь свидѣтели при передачѣ этихъ денегъ получаю отрицательный отвѣтъ. Тогда я, конечно, также отрицательно качаю головой, заявляя, что этого дѣла я даже и подымать не стану. Ни расписки, ни свидѣтелей... для полученія денегъ съ такого человѣка, какъ Мусса-бей, котораго онѣ сами

*) Тутъ, кстати—маленкій штрихъ. Въ такой безпокойной странѣ, какой списываютъ Турцію, двѣ незамужнихъ сестры, пріобрѣвши небольшой капиталецъ, забираются въ трущобы какого-то Карчкана и здѣсь преспокойно начинаютъ заниматься ростовщичествомъ, нисколько не смущаясь тѣмъ, что ихъ окружаютъ со-всѣхъ сторонъ разбойники курды. Не служитъ ли этотъ маленькій фактъ доказательствомъ тому, что вовсе уже не такъ страшенъ курдъ, какъ его малюютъ. Беззащитныя сестры несомнѣнно хорошо знали свою родину и не убоялись промѣнять улицы Константинополя на притоны курдскихъ разбойниковъ, гдѣ ихъ капиталъ подвергался постоянной опасности расхищенія.

193 аттестуютъ какъ отъявленнаго негодяя; возможно ли при подобныхъ условіяхъ даже помышлять о какихъ нибудь · шансахъ на успѣхъ? Для перваго раза сестры особенно не настаиваютъ. Но затѣмъ онѣ начинаютъ усиленно посѣщать консульство и прямо таки

меня осаждаютъ, убѣждая сдѣлать хотя какую нибудь попытку, для полученія потерянной ими суммы. Дабы отвязаться, наконецъ, отъ назойливыхъ посѣтительницъ, прошу Ванскаго вали вызвать Мусса-бея. Черезъ нѣкоторое время послѣдній является въ консульство. Призываю старшую изъ сестеръ и предлагаю Мусса-бею переговорить съ ней наединѣ въ сосѣдней комнатѣ о дѣлѣ, которое извѣстно только имъ и никому болѣе. Къ моему удивленію, переговоры очень скоро заканчиваются. Мусса-бей заявляетъ, что 15 лиръ у него сейчасъ не имѣется, поэтому онъ въ данную минуту предлагаетъ выдать на нихъ только вексель; „но такъ какъ съ этой бабой мнѣ противно имѣть какое бы то ни было дѣло, то я выдамъ требуемую расписку на имя драгомана консульства“ Этимъ возраженіемъ только и ограничился его протестъ. Недѣли черезъ двѣ деньги были доставлены и, при полученіи ихъ, старшая сестра имѣла случай довольно ясно намекнуть на то, что она была права, прося меня о томъ содѣйствіи, въ которомъ я довольно долго ей отказывалъ.

Таковы маленькія детали, рисующія разбойниковъ курдовъ, и въ нѣкоторыхъ случаяхъ отношенія ихъ къ армянамъ

Антиармянское движеніе курдовъ 1895—1896 годовъ, въ теченіе коего послѣдніе выказали свои звѣрскія наклонности. нельзя раз-

194 сматривать только съ одной, такъ сказать, наружной стороны. Нужно помнить, что если мусульманинъ считаетъ себя обязаннымъ платить мусульманину кровью за смерть своего убитаго родственника, то какова же должна быть месть курдовъ и мусульманъ, вообще, за тѣ кровавыя жертвы, которыя вырывали у нихъ мутящіеся христіане? И затѣмъ, мало того что вырывали, но издѣвались надъ этими жертвами, обезображивая ихъ трупы самымъ возмутительнымъ образомъ. Неивбѣжнымъ слѣдствіемъ такого поруганія и назойливой дѣятельности армянскихъ агитаторовъ, вообще, и явилось мщеніе сторицею.

На основаніи личныхъ наблюденій, я могу формулировать свое мнѣше объ отношеніяхъ курдовъ въ армянамъ въ такихъ положеніяхъ Прибывъ въ Ванъ въ іюлѣ мѣсяцѣ 1895 года, я засталъ эти отношенія не только вполнѣ удовлетворительными, а даже болѣе того—въ нѣкоторыхъ районахъ Турціи армяне и курды жили вполнѣ дружно. Въ концѣ 1895 года положеніе рѣзко измѣнилось. Труды армянскихъ вожаковъ на поприщѣ раздраженія мусульманъ противъ армянъ имѣли

195 въ результатѣ то антиармянское движеніе курдовъ, о которомъ я уже не разъ упоминалъ на предыдущихъ страницахъ Начиная съ 1897 года, тамъ гдѣ армяне курдовъ не распаляютъ, совмѣстная жизнь обѣихъ на-

родностей исподволь вош ла въ свою обычную 195
колею Тамъ же, гдѣ анархическая дѣятельность армянскихъ вожаковъ продолжается,
злобное настроеніе курдовъ не утихаетъ, уг-
рожая турецкой администраціи всякаго рода,
по армянскимъ дѣламъ, новыми осложненіями.
Наконецъ, въ настоящее время можно обнаружить нѣкоторыя новыя данныя, указываю-
щія на желаніе армянскихъ дѣятелей привлечь на свою сторону хотя бы извѣстную
часть курдовъ; это совершенно новый фазисъ
ихъ дѣятельности, еще мало обрисовавшійся.

Взаимныя отношенія курдскихъ племенъ. Отношенія курдовъ къ турецкой администраціи.

Вражда курдскихъ племенъ—слишкомъ
обыденный фактъ Трудно найти два со-
сѣднихъ аширета, которые жили бы между
собой въ полномъ ладу. Одною изъ главнѣй-
шихъ причинъ безконечныхъ курдскихъ меж-
доусобицъ и передрягъ служитъ обыкновенно

Разрозненность курдскихъ племенъ и пол- 196
ное отсутствіе среди нихъ солидарности значительно ослабляютъ ту роль, которую курды
могли бы играть въ жизни турецкаго госу-
дарства, и, вмѣстѣ съ тѣмъ, облегчаютъ турецкой администраціи постепенное подчиненіе
своему вѣдѣнію всего Курдистана. . . . .

и могу повторить еще разъ, что 212
армянскіе агитаторы, во всякомъ случаѣ, сдѣ-

212 али все возможное, для созданія невообразимой анархіи, какъ предлога для вмѣшательства державъ. Развитіе же антиармянскаго движенія курдовъ представляю себѣ въ такомъ видѣ. Въ концѣ сентября 1895 года, въ отмѣстку за похожденія армянскихъ шаекъ, курды разграбили тѣ армянскія селенія, въ которыхъ члены этихъ шаекъ были обнаружены, и въ которыхъ, вообще, имѣли основаніе предполагать ихъ присутствіе.........